LA ORACION
QUE PREVALECE

D.L. MOODY

LA ORACION QUE PREVALECE

Libros CLIE
Galvani, 113
08224 TERRASSA (Barcelona)

LA ORACION QUE PREVALECE

© 1982 por CLIE para la versión española

Versión española: Samuel Vila

Depósito Legal: B. 10.235 - 1989
ISBN 84-7228-691-6

Impreso en los Talleres Gráficos de la M.C.E. Horeb,
E.R. nº 265 S.G. - Polígono Industrial Can Trias,
calles 5 y 8 - VILADECAVALLS (Barcelona)

Printed in Spain

INDICE

NOTA A MODO DE PROLOGO

Los dos medios principales de gracia, esenciales los dos, son la Palabra de Dios y la Oración. Por medio de ellos viene la conversión; porque somos nacidos otra vez por la Palabra de Dios, que vive y permanece para siempre; y todo aquel que invoca el nombre del Señor será salvo.

Por medio de los dos también crecemos; porque se nos exhorta a desear la sincera leche de la Palabra, y no podemos crecer en la gracia y en el conocimiento del Señor Jesucristo a menos que le hablemos también a El en la oración.

Es por la Palabra que el Padre nos santifica; pero se nos manda también que velemos y oremos, para que no entremos en tentación.

Estos dos medios de gracia deben ser usados en la proporción debida. Si leemos la Palabra y no oramos, podemos engreírnos de conocimiento, sin amor que nos edifique. Si oramos sin leer la Palabra, quedaremos en ignorancia de la mentalidad y voluntad de Dios, y nos volveremos místicos y fanáticos, expuestos a ser llevados de acá para allá por todo viento de doctrina.

Los capítulos siguientes se refieren especialmente a la oración, pero, para que nuestras oraciones sean utilizadas para cosas que sean conforme a la voluntad de Dios, tienen que estar basadas en la revelación de su voluntad a nosotros; porque de El, y por El y para El son todas las cosas; y es sólo oyendo su Palabra que aprenderemos sus propósitos para nosotros y para el mundo, y oraremos de modo aceptable, orando en el Espíritu Santo, pidiendo las cosas que son agradables a su vista.

Estos mensajes no tienen la intención de ser exhaustivos, sino sugestivos. Este es un gran tema que ha sido presentado por los Profetas y Apóstoles, y por todos los hombres piadosos de todas las edades del mundo; y mi interés al escribir este pequeño volumen ha sido el animar a los hijos de Dios a procurar «mover el Brazo que mueve el mundo».

D. L. MOODY

1

LAS ORACIONES DE LA BIBLIA

Las personas que han dejado la impresión más profunda en esta tierra, maldita por el pecado, han sido hombres y mujeres de oración. Podrás ver que la ORACION ha sido un gran poder que ha movido no sólo a Dios, sino al hombre. Abraham era un hombre de oración y los ángeles descendían del cielo para hablar con él. La oración de Jacob fue contestada en la maravillosa entrevista de Peniel, que dio por resultado tan gran bendición y el que se ablandara el corazón de su hermano Esaú; el niño Samuel nació como respuesta a la oración de Ana; la oración de Elías cerró los cielos durante tres años y seis meses, y cuando oró otra vez los cielos dieron lluvia.

El apóstol Santiago nos dice que el profeta Elías era un hombre «sometido a pasiones semejantes a las nuestras». Estoy agradecido de que estos hombres y mujeres que eran tan poderosos en oración fueran exactamente como nosotros. Corremos el peligro de pensar que estos grandes profetas y varones de antaño eran diferentes de nosotros. Sin duda, vivieron en una edad en que había menos conocimientos disponibles, pero estaban sometidos a pasiones semejantes a las nuestras.

Leemos que en otra ocasión Elías hizo descender fuego del cielo en el Monte Carmelo. Los profetas de Baal invocaron a su dios durante mucho tiempo, pero no hubo respuesta. El Dios de Elías escuchó y contestó su oración. Recordemos que el Dios de Elías vive todavía. El profeta fue transportado al cielo, pero su Dios todavía vive, y tenemos el mismo acceso ante El que tenía Elías. Tenemos la misma autorización de ir a Dios y pedirle fuego del cielo que descienda y consuma nuestras pasiones y malos deseos; que queme nuestra paja y escoria y deje vislumbrar a Cristo en nosotros.

Eliseo predicó y resucitó un niño muerto. Muchos de nuestros hijos están muertos en sus delitos y pecados. Hagamos lo que hizo Elías; pidamos a Dios que los resucite como respuesta a nuestras oraciones.

El rey Manasés era un hombre malvado y había hecho todo lo que había podido contra el Dios de sus padres; con todo, cuando invocó a Dios en Babilonia, su clamor fue oído y fue sacado de la prisión y puesto sobre el trono de Jerusalén. Sin duda, si Dios escuchó la oración del inicuo Manasés, oirá la nuestra en tiempos de aflicción. ¿No es este un tiempo de aflicción para un gran número de nuestros prójimos? ¿No lo es para muchos, cuyos corazones están abrumados? Al ir al trono de la gracia recordemos que DIOS CONTESTA LA ORACION.

Demos otra mirada, esta vez a Sansón. Sansón oró, y le fue devuelta la fuerza, de modo que al morir, él mismo causó la muerte de más filisteos que los que había matado durante su vida. Este hombre que se había vuelto atrás, este renegado, tuvo otra vez poder con Dios. Si los que se han retractado quieren volver a Dios, verán que Dios contesta prontamente su oración.

Job oró, y fue restaurado. La luz substituyó a la oscuridad y Dios le devolvió su antigua prosperidad, en respuesta a la oración.

Daniel oró a Dios, y vino Gabriel para decirle que era un hombre amado sobremanera por Dios. El mensaje le llegó tres veces desde el cielo como respuesta a su oración. Le fueron comunicados los secretos del cielo, y se le dijo que el Hijo de Dios iba a ser inmolado por los pecados de su pueblo. Vemos también que Cornelio oró, y Pedro le fue enviado para darle un mensaje por medio del cual él y los suyos iban a ser salvos. Como respuesta a la oración le llegó esta gran bendición a él y a su familia. Pedro estaba en el terrado para orar por la tarde y tuvo esta maravillosa visión del lienzo que descendía del cielo. Fue cuando Cornelio hubo hecho oración sin cesar a Dios que el ángel fue enviado a Pedro.

De modo, que en todas las Escrituras hallamos que cuando la oración de fe llega a Dios, se le da una respuesta. Creo que sería muy interesante seguir a lo largo de la Biblia lo que ha ocurrido cada vez que un hijo de Dios se ha puesto de rodillas invocando su nombre. Sin duda, el estudio reforzaría nuestra fe en alto grado, mostrando cuán maravillosamente Dios ha escuchado y librado a aquellos que le han invocado pidiendo socorro.

Veamos a Pablo y a Silas en la cárcel de Filipos. Mientras cantan y oran, el lugar es sacudido por un temblor y el carcelero se convierte. Probablemente esta conversión ha hecho más que ninguna otra registrada en la Biblia para traer a la gente al Reino de Dios. ¡Cuántos han sido bendecidos al buscar respuesta a la pregunta: «¿Qué es menester que yo haga para ser salvo?»! Fue la oración de aquellos dos piadosos varones que puso al carcelero de rodillas, y le trajo la bendición para él y su familia.

Recordarás cómo Esteban, mientras estaba orando y mirando hacia arriba, vio los cielos abiertos y al Hijo del Hombre a la diestra de Dios; la luz del cielo resplandeció sobre él. Recuerda, también, cómo brilló el rostro de Moisés cuando descendió del monte; había estado en comunión con Dios, El hace resplandecer su faz sobre nosotros; y en vez de ser nuestras caras sombrías, resplandecen, porque Dios ha escuchado y contestado nuestras oraciones.

JESUS, COMO HOMBRE DE ORACION

Quiero llamar la atención del lector de modo especial sobre Cristo como un ejemplo para nosotros en todas las cosas, pero de un modo especial en la oración. Leemos que Cristo oraba al Padre por todo. Toda gran crisis de su vida fue precedida por la oración. Dejadme citar unos pocos pasajes. Nunca noté hasta hace unos pocos años que Cristo estaba orando en su bautismo. Mientras oraba, los cielos se abrieron, y el Espíritu Santo descendió sobre El. Otro gran acontecimiento de su vida fue la Transfiguración. «Y entretanto que oraba, la apariencia de su rostro se hizo otra, y su vestido blanco y resplandeciente» (Lucas 9:29).

En Lucas 6:12, leemos: «Aconteció en aquellos días que El salió al monte, a orar, y pasó la noche entera en oración a Dios.» Este es el único punto en que se nos dice que el Salvador pasó toda una noche en oración. ¿Qué iba a acontecer? Cuando descendió del monte reunió a sus discípulos y les predicó el gran mensaje conocido como el Sermón del Monte, el sermón más maravilloso que ha sido predicado a a los mortales. Probablemente, no hay otro sermón que haya hecho tanto bien y fue precedido por una noche de oración. Si nuestros sermones han de alcanzar los corazones y las conciencias de la gente, hemos de estar en contacto con Dios en oración, para que haya poder en la Palabra.

En el Evangelio de Juan leemos que Jesús, junto a la tumba de Lázaro, levantó sus ojos al cielo y dijo: «Padre, gracias te doy por haberme oído. Yo sabía que siempre me oyes, pero lo dije por causa de la multitud que está alrededor, para que crean que Tú me has enviado» (Juan 11:41, 42). Antes de hablar y devolver la vida al muerto habló a su Padre. Si hemos de ver levantados a nuestros muertos espirituales, hemos de conseguir poder de Dios. La razón por la que fallamos en conmover a nuestros prójimos es que tratamos de ganarlos sin obtener poder de Dios antes. Jesús estaba en comunión con su Padre, de modo que podía estar seguro de que sus oraciones eran oídas.

Leemos también en Juan 12:27, 28, que nuestro Señor oraba al Padre. Creo que este es uno de los capítulos más tristes de la Biblia. Estaba a punto de dejar a la nación judía y de hacer expiación por los pecados del mundo. Oigamos lo que dice: «Ahora está turbada mi alma, ¿y qué diré? ¿Padre, sálvame de esta hora? Mas, para esto he llegado a esta hora.» Estaba ya casi bajo la sombra de la cruz; las iniquidades de la humanidad iban a ser puestas sobre El; uno de los doce discípulos iba a negarle y a jurar que nunca le había conocido; otro iba a venderle por treinta monedas de plata; todos iban a abandonarle y huir. Su alma estaba afligida en extremo y por ello ora; cuando su alma estaba afligida oraba. Dios le contestó. Luego, en el huerto de Getsemaní, mientras oraba, un ángel apareció para fortalecerle. En respuesta a su clamor: «Padre, glorifica tu nombre», se oyó una voz del cielo que descendía desde la gloria: «Lo he glorificado, y lo glorificaré otra vez» (Juan 12:28).

Otra memorable oración de nuestro Señor tuvo lugar en el huerto de Getsemaní: «Y Él se apartó de ellos a una distancia como de un tiro de piedra; y puesto de rodillas, oraba» (Lucas 22:41). Quisiera llamar tu atención sobre el hecho de que cuatro veces llegó la respuesta del cielo directamente mientras el Salvador oraba a Dios. La primera vez fue con ocasión de su bautismo, cuando los cielos fueron abiertos y el Espíritu descendió sobre Él en respuesta a su oración. Luego, en el monte de la Transfiguración, Dios se le apareció y le habló. Luego cuando los griegos fueron a Él deseando verle; y finalmente, cuando clamó al Padre en medio de su agonía recibió una respuesta directa. Estas cosas son registradas, sin la menor duda, para animarnos a orar.

Leemos que sus discípulos acudieron a Él y le dijeron: «Señor enséñanos a orar.» No se dice que les enseñara a predicar. He dicho más de una vez que me gustaría mucho más poder orar como Daniel que predicar como Gabriel. Si tienes amor en tu corazón de modo que la gracia de Dios pueda descender a contestar tu oración, no tendrás dificultades para alcanzar a la gente. No es por medio de sermones elocuentes que las almas que perecen pueden ser alcanzadas; necesitamos el poder de Dios a fin de que pueda descender la bendición.

La oración que nuestro Señor enseñó a sus discípulos es comúnmente conocida como el Padrenuestro. Y por otros como la Oración del Señor. Yo creo que la oración del Señor, propiamente, es la del capítulo 17 de Juan. Esta es la oración más larga de Jesús de que tenemos registro. Uno puede leerla lentamente y con cuidado en unos cuatro o cinco minutos. Creo que podemos aprender una lección aquí. Las oraciones del Maestro eran cortas cuando las ofrecía en público; cuando estaba a solas con Dios ya era otra cosa, y podía pasar toda una noche en comunión con su Padre. Según mi experiencia, los que se pasan más tiempo en su cuarto en oración privada generalmente hacen oraciones cortas en público. Las oraciones largas generalmente no son oraciones y cansan a los demás. ¡Cuán corta fue la oración del publicano!: «¡Ten misericordia de mí, pecador!» La mujer sirofenisa hizo una oración más corta aún: «¡Señor, ayúdame!» Fue al blanco directamente, y consiguió lo que quería. La oración del ladrón en la cruz fue muy corta: «¡Acuérdate de mí cuando vinieres en tu reino!» La oración de Pedro fue: «¡Señor, sálvame que perezco!» De modo que puedes hojear las Escrituras y hallarás que las oraciones que trajeron respuestas inmediatas fueron generalmente breves. ¡Que nuestras oraciones vayan al grano, diciéndole a Dios lo que queremos!

En la oración de nuestro Señor, en Juan 17, hallamos que hizo siete requerimientos: uno para El mismo, cuatro para los discípulos que le rodeaban, y dos para los discípulos de épocas subsiguientes. Seis veces en esta oración repite que Dios le ha enviado. El mundo le miraba como un impostor; y El quería que supieran que Dios le había enviado. Habló del mundo nueve veces, y hace mención de sus discípulos y los que creen en El cincuenta veces.

La última oración de Cristo en la cruz fue corta: «Padre, perdónalos porque no saben lo que hacen.» Creo que esta oración fue contestada. Vemos que allí mismo, ante la cruz, se convirtió un centurión romano. Era, probablemente, como respuesta a la oración del Salvador. La conversión del ladrón, creo, fue en respuesta a la oración de nuestro bendito Salvador. Saulo de Tarso oyó, sin duda, la oración de Esteban pidiendo misericordia por los que estaban apedreándolo. Las palabras que oyó, tan parecidas a las de Jesucristo en la cruz, puede que le siguieran hasta el camino de Damasco; en que el Señor se le apareció. Una cosa sabemos: que en el día de Pentecostés algunos de los enemigos del Señor fueron convertidos. Sin duda, fue como respuesta a la oración: «Padre perdónalos.»

LOS HOMBRES DE DIOS SON HOMBRES DE ORACION

De todo ello vemos que la oración tiene un lugar elevado entre todos los ejercicios de la vida espiritual. Todos los hombres de Dios han sido hombres de oración. ¡Miremos, por ejemplo, a Baxter! Las paredes de su estudio estaban descoloridas por su aliento; y cuendo hubo sido ungido por la unción del Espíritu Santo, de él brotaron ríos de agua viva sobre Kidderminster, y fueron a centenares los que se convirtieron. Lutero y sus compañeros eran hombres de tal poder en la oración a Dios que quebrantaron el hechizo de siglos, y pusieron naciones enteras a los pies de la cruz. John Knox abarcó a toda Escocia en los brazos de la fe; sus oraciones tenían aterrorizados a los tiranos. Whitefield, después de mucha oración santa y fiel, privada, fue a la feria de Satanás, y arrancó más de mil almas de la garra del león en un solo día. ¡Vemos a Wesley convirtiendo a diez mil almas para el Señor! Mirad a Finney, cuyas oraciones, fe, sermones y escritos han sacudido a nuestro país entero, y ha enviado una ola de bendición a las iglesias, a los dos lados del mar.

El doctor Guthrie hablaba así de la oración y su necesidad: «La primera señal verdadera de vida espiritual, la oración, es también el medio de mantenerla. El hombre no puede vivir físicamente sin respirar como tampoco puede vivir espiritualmente sin orar. Hay una cierta clase de animales, los cetáceos, que habitan en las profundidades del mar. Es su hogar, nunca se acercan a la orilla; sin embargo, aunque nadan bajo las olas y llegan a grandes profundidades tienen que aparecer en la superficie, de vez en cuando, porque han de respirar aire. Sin ello, estos monarcas de las profundidades no podrían sobrevivir en el denso elemento en que se mueven. Y algo semejante a lo que les impone la necesidad física, podemos decir del cristiano que debe hacerlo por una necesidad espiritual. El cristiano ha de elevarse de vez en cuanto a Dios, por medio de la oración, hacia las regiones más puras de las provisiones de la gracia divina, para poder mantener su vida espiritual. Si se impide a uno de estos animales que alcance la superficie, muere asfixiado; si se impide a un cristiano el llegar a Dios, muere por falta de oración. «Dadme hijos», clamaba Raquel,« o muero». «Dejadme respirar», dice el hombre que se ahoga, «o muero». «Dejadme orar», dice el cristiano, «o muero».

«Desde que empecé a pedir a Dios bendición sobre mis estudios», dijo el doctor Payson cuando era un estudiante, «he hecho más en una semana que antes en todo un año». Lutero, cuando se hallaba más agobiado de trabajo, dijo: «Tengo tanto que hacer que sólo puedo dedicar tres horas diarias a la oración.» Y no sólo los teólogos tienen en gran estima y hablan así de la oración; hombres de todos los tipos de vida han dicho lo mismo. El general Havelock se levantaba a las cuatro, si la hora de empezar la marcha eran las seis, para no perder el precioso privilegio de la comunión con Dios antes de emprender las marchas a que obligaba su profesión. Sir Matthew Hale decía: «Si descuido orar y leer la Palabra de Dios por la mañana, nada va bien durante el día.»

«Una gran parte de mi tiempo», decía McCheyne, «lo paso afinando mi corazón para la oración. Es el hilo que une la tierra con el cielo».

Una perspectiva comprensiva de este tema nos

mostraría que hay nueve elementos que son esenciales para la verdadera oración. El primero es la adoración: no podemos establecer contacto con Dios en el mismo nivel, hemos de acercarnos a El como quien está más allá de nuestro alcance y nuestra vista. El siguiente es la confesión; el pecado ha de ser eliminado. No podemos tener comunión con Dios mientras haya alguna transgresión por nuestra parte. Si hay algo pecaminoso hecho por el hombre, no puede esperar favor hasta que ha confesado la falta. La restitución es otro: hemos de hacer compensación por la falta, siempre que sea posible. La acción de gracias es el próximo paso: hemos de estar agradecidos a Dios por lo que ha hecho por nosotros ya. Luego viene el perdón, y luego la unidad; y luego, tiene que haber fe. Bajo esta influencia estaremos preparados para ofrecer nuestras peticiones. Escuchamos gran número de oraciones que no son nada más que exhortaciones; si el individuo que ora no tuviera los ojos cerrados supondríamos que está predicando. Hay también mucha oración que es sólo buscar faltas en otros. La esencia de la oración es petición. Pero con ella y tras ella ha de haber sumisión. Mientras oramos hemos de estar dispuestos a aceptar la voluntad de Dios. Vamos a considerar estos nueve elementos en detalle, y cerraremos nuestra pesquisa dando ilustraciones incidentales de la certidumbre de recibir, bajo estas condiciones, respuestas a la oración.

La hora de oración

¡Señor qué gran cambio producirá en nosotros
El pasar una hora en tu presencia!
¡Qué cargas tan pesadas nos quitará del pecho!
¡Qué refrigerio, cual lluvia en verano!

Nos arrodillamos y alrededor todo baja;
Y nosotros subimos, y todo, cerca y lejos,
se destaca en el nítido horizonte;
¡Débiles al caer de rodillas; fuertes al levantarnos!

¿Por qué, pues, caminamos con los hombros caídos
abrumados de cuitas y problemas
cuando sería fácil obtener el remedio?
¿Por qué hemos de ser débiles o fríos,
angustiados, ansiosos, cuando orando
tendremos paz en Ti, gozo, fuerza y valor?

R. TRENCH

2

ADORACION

Se ha definido el acto de rendir honor a Dios, reverencia, estima y amor, como adoración. Significa, literalmente, el aplicar la mano a la boca para besarla: «El besamanos.» En los países orientales esta es una gran marca de respeto y sumisión. La importancia de presentarnos ante Dios en este espíritu es capital: por lo que se nos hace ver esto bien claro en la Palabra de Dios.

El reverendo Newman Hall, en su obra sobre el Padrenuestro, dice: «El culto de adoración del hombre, aparte de la revelación, ha sido caracterizado de modo uniforme por el egoísmo. Vamos a Dios o bien para agradecerle los beneficios ya recibidos, o para implorar otros nuevos: comida, vestidos, salud, seguridad, comodidad. Como Jacob en Betel estamos dispuestos a hacer la adoración que rendimos a Dios correlativa a «comida para comer, vestido para vestirnos». Este estilo de petición, en la cual generalmente predomina el yo, si no la absorbe del todo, se ve no sólo en los votos de los sistemas falsos, sino en la mayoría de las oraciones de los profesos cristianos. Nuestras oraciones son como los jinetes partos, que cabalgaban en una dirección, pero miraban a otra; avanzamos hacia Dios pero en realidad miramos hacia nosotros. Y esto puede ser la razón por la que muchas veces nuestras oraciones salen como el cuervo del arca de Noé, pero nunca vuelven. Pero cuando hacemos de la gloria de Dios el fin principal de nuestra devoción, salen como la paloma, para regresar con un ramo de olivo en el pico.

Permitidme que me refiera a un pasaje de las profecías de Daniel. Daniel era un hombre que sabía orar, su oración trajo la bendición del cielo sobre sí y sobre su pueblo. Dice: «Y volví mi rostro al Señor Dios, buscándole en oración y ruego, en ayuno, cilicio y ceniza. Y oré a Jehová mi Dios, y le hice esta confesión: "¡Ah, Señor, Dios grande, digno de ser temido, que guardas el pacto y la misericordia con los que te aman y guardan tus mandamientos!"» (9:3, 4).

El pensamiento sobre el que quiero llamar la atención del lector es el de las palabras: «¡Oh Señor, Dios grande, digno de ser temido!» Daniel se colocaba en la posición justa delante de Dios: en el polvo; puso a Dios en el lugar debido. Fue cuando Abraham se hallaba de rodillas, postrado delante de Dios, que Dios le habló. La santidad pertenece a Dios; la pecaminosidad a nosotros.

Brooks, el gran escritor puritano, dice: «Una persona de santidad verdadera queda completamente afectada y absorbida en la admiración de la santidad de Dios. Las personas no santas pueden quedar algo afectadas por las otras características de Dios; sólo las almas santas quedan impresionadas con su santidad. Cuanto más santas son, más afectadas y de modo más profundo. Para los santos ángeles, la santidad de Dios es el diamante resplandeciente del anillo de gloria. Pero las personas no santas son afectadas por otras cosas distintas. Nada le parece más desalentador al pecador que un mensaje sobre la santidad de Dios; es como el escrito en la pared; nada hace sufrir el corazón y la cabeza de un pecador como un sermón sobre Aquel que es santo; nada les duele y les provoca, nada les aguijonea y aterroriza a los no santos, como el que se les presente de modo vivo la santidad de Dios. Pero, las almas santas no pueden oír un mensaje más deleitoso, satisfactorio, que les dé más contento y más les aproveche, que aquel en que descubren más plena y poderosamente la gloria de Dios en su santidad.» De modo que, al presentarnos ante Dios, hemos de adorar y reverenciar su nombre.

Lo mismo se nos dice en Isaías 6:1-3:

«En el año en que murió el rey Uzías, vi yo al Señor sentado sobre un trono alto y sublime, y la orla de su manto llenaba el templo. Por encima de El había serafines; cada uno tenía seis alas; con dos cubrían sus rostros, con dos cubrían sus pies, y con dos volaban. Y el uno al lado del otro daba voces, diciendo: «Santo, santo, santo es Jehová de los ejércitos; toda la tierra está llena de su gloria.»

NECESITAMOS SENTIR LA SANTIDAD DE DIOS

Cuando contemplemos la santidad de Dios, le adoraremos y engrandeceremos su nombre. Moisés tuvo que aprender esta misma lección. Dios le dijo que se quitara las sandalias de sus pies, porque el lugar en que estaba era santo. Cuando oímos a los hombres que tratan de presentarse como santos, y hablan de su santidad, creo que toman a la ligera la santidad de Dios. Es de su santidad de la que necesitamos hablar y en la que hemos de pensar; cuando hacemos esto nos postramos en el polvo. Recordemos también, lo que le ocurrió a Pedro. Cuando

Cristo se le dio a conocer contestó: «¡Apártate de mí, que soy hombre pecador!» A la vista de Dios nos damos cuenta de lo santo que El es y de lo pecadores que somos nosotros. Hallamos esto en Job también, el cual tuvo que aprender la misma lección: «He aquí que yo soy vil, ¿qué responderé? Mi mano pongo sobre mi boca» (40:4).

Cuando escuchamos a Job discutiendo con sus amigos, pensamos que es el hombre más santo que ha vivido sobre la tierra. Era ojos para los ciegos, pies para los cojos; alimentaba a los hambrientos y vestía a los desnudos. ¡Qué hombre tan maravilloso era! Todo era yo, yo, yo. Al final Dios le dijo: «Ahora, ciñe como un luchador, tus lomos; Yo te preguntaré, y tú me contestarás.» En el momento en que Dios se le reveló, Job cambió su modo de hablar. Se dio cuenta de su mezquindad ante la perfección y pureza de Dios. Y contestó: «De oídas te conocía; mas ahora mis ojos te ven. Por tanto, retracto mis palabras y me arrepiento en polvo y ceniza» (42:5, 6).

Lo mismo se ve en los casos de aquellos que acudieron a nuestro Señor en los días de su vida en la carne; los que vinieron directamente, buscando y obteniendo su bendición, manifestaron un vivo sentimiento de su superioridad con respecto a ellos mismos. El centurión del cual leemos en Mateo ocho, dice: «Señor no soy digno de que entres bajo mi techo.» Jairo, «le adoró», al presentarse a hacer su petición; el leproso en el Evangelio de Marcos, vino, «arrodillándose delante de El», la mujer sirofenisa «vino y arrodillándose a sus pies»; el leproso «viendo a Jesús, cayó sobre su rostro». Lo mismo, el discípulo amado, hablando del sentimiento que tenían respecto a Jesús cuando estaban con El como su Señor, dice: «Contemplamos su gloria, gloria como del unigénito del padre, lleno de gracia y de verdad.» Por íntima que fuera su relación, y por tierno que fuera su amor, le reverenciaban cuando estaban con El, y le adoraban en tanto que le amaban.

Podemos decir de cada acto de oración lo que dice George Herbert del culto público:

> Cuando cruza tu pie el umbral de la iglesia
> Tu cabeza ha de estar descubierta;
> Dios ·es mayor que tú; porque tú estás
> sólo con su permiso aquí en la tierra.
> Y procura mostrar reverencia y temor.
> Aun cuando te arrodilles, como debes,
> no vas a estropear tu vestido de seda;
> bájate de tu estado, no te engrías,
> todos somos iguales una vez nos hallamos
> dentro del santuario.

El hombre sabio dice: «Cuando vayas a la casa de Dios, vigila tus pasos; y acércate más para oír que para ofrecer el sacrificio de los necios; porque no saben que hacen mal. No te des prisa con tu boca, ni tu corazón se apresure a proferir palabra delante de Dios; porque Dios está en el cielo, y tú sobre la tierra; por tanto, sean pocas tus palabras» (Eclesiastés 5:1, 2).

Si estamos esforzándonos para vivir una vida más elevada, y conocemos algo de la santidad y pureza de Dios, lo que necesitamos es ponernos en contacto con El, para que El pueda revelársenos. Entonces tomaremos el lugar delante de El, de aquellos hombres de antaño que hemos visto. Honraremos su Nombre, como el Maestro enseñó a sus discípulos, cuando dijo: «Santificado sea tu Nombre.» Cuando pensamos en la irreverencia de los tiempos presentes, me parece que hemos caído en días malos.

Como cristianos, cuando nos acercamos a Dios en oración, démosle el lugar que le corresponde: «Tengamos gratitud, y mediante ella sirvamos a Dios agradándole con temor y reverencia; porque nuestro Dios es un fuego consumidor» (Hebreos 12:28, 29).

La trinidad

Misterioso y trino Dios,
sé para siempre adorado;
Por la gracia sin fin que hallamos
En nuestro Redentor acumulada.

La gracia del Padre cantamos,
Que un tiempo nos eligió;
Y que a su Hijo ordenó
que en lugar nuestro la muerte sufriera.

También al Hijo sagrado,
tenemos en reverencia;
Por su gracia y sufrimientos
y su perfecta justicia.

Y nuestros labios proclaman
del Consolador las glorias,
Cuyo poder nos inspira,
Cuyo impulso nos eleva.

Y así, juntos al Dios Trino
Rindamos adoración,
Y toda la creación
Proclame el amor divino.

3

CONFESION

Otro elemento de la verdadera oración es la confesión. No quiero que los cristianos piensen que cuando digo confesión me refiero a los no convertidos. Nosotros, los cristianos, tenemos muchos pecados que confesar.

Si volvemos a las Escrituras hallaremos que los hombres que han vivido más cerca de Dios, y que han tenido más poder en El, eran los que confesaban sus pecados y fracasos. Daniel confesó sus pecados y los de su pueblo (Daniel 9:3-19). Sin embargo, no se nos dice que hubiera nada en contra de Daniel. Era uno de los hombres mejores, entonces, sobre la faz de la tierra, y a pesar de ello hace una de las confesiones de pecado más profundas y humildes de que se tiene memoria. Brooks, refiriéndose a la confesión de Daniel, dice: «En estas palabras tenemos siete circunstancias que Daniel usa en la confesión de sus pecados y los del pueblo: y todas para hacerlos resaltar y agravarlos. Primero: "Hemos pecado"; segundo: "hemos cometido iniquidad"; tercero: "hemos obrado perversamente"; cuarto: "hemos sido

27

rebeldes"; quinto: "nos hemos apartado de tus mandamientos y de tus ordenanzas"; sexto: "no hemos obedecido a tus siervos los profetas"; séptimo: "ni nuestros príncipes ni todo el pueblo de la tierra". Estos siete agravantes que Daniel acumula en su confesión son dignos de la consideración más seria.»

Job era, sin duda, un hombre santo, un príncipe poderoso, y con todo, tuvo que postrarse en el polvo y confesar sus pecados. Así vamos hallando a lo largo de las Escrituras. Cuando Isaías vio la pureza y santidad de Dios, y se vio a sí mismo tal como era, exclamó: «¡Ay de mí, ay de mí! que estoy muerto; porque siendo inmundo de labios...» (Isaías 6:5).

Creo firmemente que la Iglesia de Dios tendrá que confesar sus propios pecados, antes de que pueda tener ninguna gran obra de gracia. Ha de haber una obra más profunda entre el pueblo creyente en Dios. Y a veces pienso que sería hora de predicar a los que profesan ser cristianos en vez de predicar a los impíos. Si tuviéramos un nivel de vida más elevado en la Iglesia de Dios, serían a millares los que acudirían al Reino. Así era en el pasado; cuando los hijos de Dios se volvieron de sus ídolos y de sus pecados, el temor de Dios cayó sobre el pueblo. Mira la historia de Israel y hallarás que cuando apartaron sus dioses extraños, Dios visitó a la nación, e hizo en ellos su poderosa obra de gracia.

JUICIO DE PECADO EN LA IGLESIA

Lo que queremos en estos días es un avivamiento verdadera y poderoso en la Iglesia de Dios. Tengo poca simpatía con la idea de que Dios va a llegar a las masas a través de una iglesia formal y fría. El juicio de Dios ha de empezar en nosotros. Ya vimos que cuando Daniel consiguió la maravillosa respuesta a la oración que se relata en el capítulo nueve, estaba confesando su pecado. Este es uno de los mejores capítulos sobre la oración en toda la Biblia:

Leemos: «Aún estaba hablando y orando, y confesando mi pecado y el pecado de mi pueblo, Israel, y derramaba mi ruego delante de Jehová mi Dios, por el monte santo de mi Dios; aún estaba hablando en oración, cuando Gabriel, el varón a quien había visto en la visión al principio, vino a mí volando con presteza, como a la hora del sacrificio de la tarde. Y hablando conmigo, me hizo comprender, diciendo: "Daniel, he salido ahora para ilustrar tu inteligencia"» (Daniel 9:20-23).

Lo mismo cuando Job estaba confesando su pecado, Dios le restauró y escuchó su oración. Dios va a escuchar nuestra oración y nos restaurará cuando hayamos tomado el lugar que nos corresponde delante de El, y confesado y abandonado nuestras transgresiones. Fue cuando Isaías clamó delante de Dios: «Estoy muerto», que vino la bendición; el carbón encendido que estaba en el altar fue puesto sobre sus labios; y fue y escribió uno de los libros más maravillosos que ha conocido el mundo. ¡Qué bendición ha sido para la Iglesia!

Fue cuando David dijo: «¡He pecado!», que Dios le mostró su misericordia. «Mi pecado te declaré, y no encubrí mi iniquidad.» Dije: «Confesaré mis transgresiones a Jehová; y tú perdonaste la maldad de mi pecado» (Salmo 32:5). David hizo una confesión muy similar (Salmo 5:3, 4) a la del hijo pródigo que vemos en Lucas 15: «Porque yo reconozco mis delitos, y mi pecado está siempre delante de mí. ¡Contra ti, contra ti solo he pecado, y he hecho lo malo delante de tus ojos!» No hay diferencia entre el rey y el mendigo cuando el Espíritu de Dios entra en el corazón y redarguye de pecado.

Richard Sibbes dice de la confesión: «Esta es

la manera de dar gloria a Dios: cuando hemos abierto nuestras almas a Dios, y acumulado contra nosotros todo cuanto el diablo podría decir, puesto que hemos de pensar que el diablo pondría todo aquello a nuestro cargo en la hora de la muerte y el día del juicio. El diablo nos acusaría de todo aquello, así que acusémonos nosotros, como él haría antes de poco. Cuanto más nos acusamos y nos juzgamos, y ponemos un tribunal en nuestro corazón, más segura se seguirá una paz increíble. Jonás fue echado al mar, y el barco se quedó tranquilo; Acán fue apedreado, y terminó la plaga. Fuera Jonás, y fuera Acán; y habrá paz y calma en nuestra alma. La conciencia obtendrá un gran refrigerio y solaz.

»Ha de ser así; si Dios ha de ser honrado, la conciencia ha de ser purificada. Dios es honrado por la confesión de todos los pecados de cualquier clase que sean; esto hace honor a su omnisciencia, pues Él lo ve todo: ve todos nuestros pecados y escudriña iuestros corazones, y nuestros secretos no están escondidos de Él. Honra su poder. ¿Qué es lo que nos hace confesar los pecados sino que tememos su poder, el que puede ejecutarnos? Y ¿qué nos hace confesar los pecados, sino el saber que hay misericordia en Él para que pueda ser temido, y que hay perdón de los pecados en Él? No confesaríamos los pecados de otra forma. Con los hombres después de la confesión viene la ejecución; pero con Dios después de la confesión viene la misericordia. Es la manera en que Él muestra su disconformidad con ellos. Nunca confesaríamos nuestros pecados si no fuera por la misericordia. Así que honra a Dios; y cuando Él es honrado, Él honra al alma con paz y sosiego.»

Thomas Fuller dijo: «El que el hombre confiese su debilidad es la única rama sobre la que Dios puede injertar la gracia de su ayuda.»

La confesión implica humildad y ésta, a los ojos de Dios, tiene mucho valor.

Un labrador fue con su hijo a un campo de trigo ya dorado, a punto para la siega. «Ves, padre», exclamó el muchacho, «¡cuán derechos sostienen su cabeza estos tallos! Deben ser los mejores. Los otros cuya cabeza cuelga, no deben ser muy buenos». El labrador arrancó un tallo de cada clase y los mostró al hijo: «Ves: este tallo que cuelga lleno de modestia está lleno de grano. Este, enhiesto, no tiene casi grano en su espiga.»

Es necesario ser franco y abierto ante Dios y ante los hombres. Debemos ser sinceros y francos con nosotros mismos. Un soldado dijo en una reunión de avivamiento: «Camaradas soldados: no estoy entusiasmado, estoy convencido, esto es todo. Creo que debería ser un cristiano; que debo decíroslo, y pediros que vengáis conmigo, y si ahora va a haber una llamada para que los pecadores acudan a Cristo, yo iré, no para hacer ostentación, porque el hacerla es pecado. No iré porque quiera hacerlo, porque de buena gana me quedaría en el asiento; pero, yendo, diré la verdad. Debería ser un cristiano, quiero ser un cristiano; y el presentarme para la oración, es decir, la verdad de la cosa.» Le siguieron más de otros veinte soldados.

De las palabras de Faraón: «Orad a Jehová para que quite las ranas de mí» (Exodo 8:8), dijo lo siguiente Spurgeon: «Esta súplica u oración tiene una falta fatal: No contiene confesión de pecado. No dijo: "Me he rebelado contra el Señor; ruego que se me perdone." Nada semejante; sigue amando el pecado como antes. Una oración sin penitencia es una oración que no es aceptada. Si no va regada con lágrimas se marchita. Has de venir a Dios como pecador por medio de un Salvador, no hay otro camino. El que viene a Dios como un fariseo, con: "Dios te doy gracias que no soy como los demás hombres", nunca llega muy cerca de Dios; pero el que grita: "Señor, ten misericordia de mí, pecador", ha llegado a Dios por el camino que El mismo ha designado. Tiene que haber confesión de pecado ante Dios, o nuestra oración es defectuosa.»

Si esta confesión de pecado es profunda entre los creyentes, ha de serlo entre los no convertidos también. Nunca he sabido que hubiera fallado. Tengo ansias que Dios avive su obra en los corazones de sus hijos, para que podamos ver la gran pecaminosidad del pecado. Hay muchos padres que están ansiosos por la conversión de sus hijos. He recibido hasta cincuenta mensajes de padres en una sola semana, extrañándose de que sus hijos no sean salvos, y pidiendo que ore por ellos. Me atrevo a decir que, cuado esto ocurre, por regla general, la falta está a nuestra propia puerta. Debe haber algo en nuestra vida que estorba. Puede ser algún pecado secreto que impida la bendición. David vivió en un gran pecado, durante meses, hasta que Natan apareció. Oremos a Dios que venga a nuestro corazón, y haga sentir su poder. Si es el ojo derecho el que estorba, fuera el ojo derecho; si la mano derecha, fuera la mano derecha; para que podamos tener poder con Dios y con el hombre.

LA FALTA DE PODER EN LA IGLESIA

¿Por qué tantos hijos de cristianos están apartados, en una vida mundana, alejándose en su infidelidad, dirigiéndose a una tumba sin honor? Parece que hay muy poco poder en el Cristianismo en los tiempos presentes. Muchos padres piadosos hallan que sus hijos se descarrían. Esto procede de algún pecado secreto que se mantiene adherido al corazón.

Hay un pasaje en la Palabra de Dios citado con mucha frecuencia pero en el cual, los que lo citan, se paran donde no deben. En el capítulo 59 de Isaías leemos: «He aquí que no se ha acortado la mano de Jehová para salvar, ni se ha endurecido su oído para oír.» Y aquí se paran. Naturalmente la mano de Dios no se ha acortado, ni se ha endurecido su oído; pero deberían seguir leyendo en el versículo siguiente: «Vuestras iniquidades han hecho separación entre vosotros y vuestro Dios, y vuestros pecados han hecho ocultar de vosotros su rostro para no escucharos. Porque vuestras manos están contaminadas de sangre, y vuestros dedos de iniquidad; vuestros labios pronuncian mentira; y vuestra lengua habla maldad.» Como dijo Matthew Henry: «No podía por menos que ocurrir; se interpusieron a la misma luz que recibían, cerraron su propia puerta. Dios se dirigía a ellos por el camino de la misericordia, y ellos le estorbaron. "Vuestras iniquidades han impedido que recibierais cosas deseables."»

Recordemos que si consideramos la iniquidad de nuestros corazones, o vivimos superficialmente y nuestra profesión de fe es vacía, no podemos esperar que nuestras oraciones sean contestadas. No hay ni una sola promesa para nosotros. A veces tiemblo cuando oigo que la gente cita promesas y dicen que Dios tiene que cumplirlas para ellos, cuando constantemente hay algo en sus propias vidas que no quieren abandonar aunque deberían hacerlo. Haríamos mejor en examinar nuestro corazón y averiguar por qué nuestras oraciones no son contestadas.

Hay un solemne pasaje en Isaías 1:10-18:

«Gobernantes de Sodoma, oíd la palabra de Jehová; escuchad la instrucción de nuestro Dios, pueblo de Gomorra. ¿Para qué me sirve, dice Jehová, la multitud de vuestros sacrificios? Hastiado estoy de holocaustos de carneros y de sebo de animales gordos; no quiero sangre de bueyes, ni de ovejas, ni de machos cabríos. ¿Quién demanda esto de vuestras manos, cuando venís a presentaros delante de Mí para hollar mis atrios? No me traigáis más vana ofrenda; el incienso me es abominación; novilunios y sábados, el convocar asambleas, no lo puedo sufrir, son iniquidad vuestras fiestas solemnes.»

Incluso nuestras asambleas, nuestras fiestas solemnes. Si Dios no puede conseguir que nuestro corazón esté en los servicios y reuniones, no quiere saber nada de ellos.

«Vuestras lunas nuevas y vuestras fiestas solemnes las tiene aborrecidas mi alma; me son gravosas; cansado estoy de soportarlas. Cuando extendáis vuestras manos, Yo esconderé de vosotros mis ojos; asimismo cuando multipliquéis la oración, yo no oiré; llenas están de sangre vuestras manos. Lavaos, limpiaos; quitad la iniquidad de vuestras obras de delante de mis ojos; dejar de hacer lo malo; aprended a hacer el bien, buscad la justicia, reprimid al opresor, defended la causa del huérfano, amparad a la viuda. Venid luego, dice Jehová, y estemos a cuenta: aunque vuestros pecados sean como la grana, como la nieve serán emblanquecidos; aunque sean rojos como el carmesí, vendrán a ser como blanca lana.»

En Proverbios 28:9, leemos: «El que aparta su oído para no oír la ley, su oración también es abominable.» Puede que asombre a algunos el pensar que sus oraciones son una abominación a Dios, y con todo, si vivimos en un pecado conocido, esto es lo que la Palabra de Dios dice sobre nosotros. Si no queremos apartarnos del pecado y obedecer la ley de Dios, no tenemos derecho a esperar que El conteste nuestras oraciones. El pecado no confesado es pecado no perdonado, y el pecado no perdonado es lo más sombrío y dañoso de esta tierra maldita por el pecado. No podéis hallar un solo caso en la Biblia de un hombre que fuera sincero en su actitud respecto al pecado que Dios no correspondiera y le bendijera. La oración del corazón humilde y contrito es un deleite para Dios. No hay sonido que suene más dulce al oído divino procedente de esta tierra que la oración del justo.

Permitid que mencione la oración de David en el Salmo 139:23: «Escudríñame, oh Dios, y conoce mi corazón; pruébame y conoce mis pensamientos, y ve si hay en mí camino de perversidad, y guíame en el camino eterno.» Quisiera que mis lectores aprendieran estos dos versículos de memoria. Si pudiéramos hacer sinceramente una oración así cada día, habría un gran cambio en nuestras vidas. «Escudríñame» a mí, no a mi vecino. Es tan fácil orar por otra gente, pero es tan difícil ponernos nosotros como blanco de la oración. Mucho me temo que estamos demasiado ocupados haciendo obra del Señor, y con ello, estamos en peligro de descuidar nuestra propia vida. En este salmo, David habla de sí mismo. Hay una gran diferencia entre el examen que nosotros hacemos de nosotros mismos y el que hace Dios. Yo puedo escudriñar mi corazón y declarar que soy recto y justo, pero cuando Dios me escudriña bajo su luz, aparecen muchas cosas que yo desconocía.

«Pruébame.» David fue probado cuando cayó, porque había apartado sus ojos del Dios de su padre Abraham. «Conoce mis pensamientos.» Dios mira nuestros pensamientos. ¿Son nuestros pensamientos puros? ¿Tenemos en nuestro corazón pensamientos contra Dios y contra su pueblo, contra alguien en el mundo? Si los tenemos, no somos justos a la vista de Dios. Oh, que Dios nos escudriñe, a cada uno. No conozco ninguna oración mejor que esta oración de David. Una de las cosas más solemnes de las Escrituras es que cuando los hombres santos —mejores que nosotros— fueron sometidos a prueba, se halló que eran tan débiles como el agua si estaban apartados de Dios.

Estemos seguros de que seamos rectos y justos. Isaac Ambrose, en su obra sobre «Probándonos a nosotros mismos», tiene el siguiente sabroso comentario: «De vez en cuando hacemos estas dos preguntas a nuestro corazón: 1) "Corazón, ¿cómo te va?" una pregunta corta, pero muy seria. Esta es la pregunta primera, y es el saludo más corriente "¿cómo te va?" Quisiera que le preguntáramos al corazón: "¿Cómo te va? Naturalmente, ¿cuál es tu estado espiritual?" 2) "Corazón ¿cómo te irá?" es la segunda pregunta, es decir: "Corazón, ¿qué será de ti y de mí?" como el ciudadano romano dijo: "Alma desgraciada y triste, ¿adónde vamos tú y yo?, ¿qué será de ti cuando tú y yo nos separemos?"

»Esta es la misma cosa que Moisés presenta a Israel, pero en otros términos: "¡Oh, si pudieras considerar tus postrimerías!" y que pudieras hacerte esta pregunta constantemente al corazón, y considerarla y debatirla. "Considera la cosa en tu propio corazón", dice David; esto es, debate el asunto entre tú y tu corazón hasta lo sumo. Que tu corazón se enfrasque en la consideración de esto, cuando tienes tratos con él, que te habla desde su mismo fondo. Establece contacto, o sea, ten una comunicación y conocimiento claro de tu propio corazón.» Esta fue la confesión de un hombre de Dios sensible a su propio descuido y especialmente a la dificultad de su deber: «He vivido, dice, durante cuarenta años y algo más, y he llevado mi corazón en mi pecho todo este tiempo, y con todo, mi corazón y yo somos extraños, y tan distantes, como si nunca nos hubiéramos visto o conocido. No, yo no conozco mi corazón; lo he olvidado.

¡Ay! ¡cuánto habré agraviado a mi corazón, que ni aún nos conozcamos de lejos. Hemos caído en la época de Atenas, pasando el tiempo oyendo y contando noticias. ¿Cómo van las cosas aquí? ¿Y allí? ¿Cómo van en este lugar? ¿Y en el otro? Pero ¿quién hay que tenga interés en saber cómo está tu propios corazón? Sopesa de modo serio el tiempo que has pasado en este deber, y el tiempo pasado de y días que deberías haber pasado en este deber con respecto al corazón, podemos decir que hemos pasado cincuenta. O si debería haber cincuenta vasijas llenas de este deber, ¿podemos hallar veinte o diez? ¡Oh, los días, meses y años que hemos dedicado al pecado, a la vanidad, a los negocios de este mundo, mientras no hemos dedicado un minuto a conversar con nuestro corazón respecto a su caso!»

CONFIESA EL EGOCENTRISMO COMO PECADO

Si hay algo malo en nuestras vidas, pidamos a Dios que nos muestre lo que es. ¿Hemos sido egoístas? ¿Hemos tenido más celo por nuestra reputación que por el honor de Dios? Elías pensaba que había sido celoso del honor de Dios; pero resultó que era su propio honor, después de todo: el yo se hallaba realmente en el fondo. Una de las cosas más tristes, creo, que Cristo tuvo que sufrir de sus discípulos, fue precisamente esto: había una lucha persistente entre ellos por ver cuál sería el mayor, en vez de buscar cada uno el lugar más humilde y ser el menor en su propia estimación.

Se nos da prueba de esto en Marcos 9:33-37:

«Llegaron a Capernaum. Y estando ya en la casa, les preguntaba: "¿Qué discutíais por el camino?" Pero ellos se callaban; porque en el camino habían discutido entre sí quién era mayor. Entonces se sentó, llamó a voces a los doce, y les dijo: "Si alguien desea ser primero, sea el último de todos y el servidor de todos." Y tomando a un niño, lo puso en medio de ellos, lo tomó en sus brazos y les dijo: "Cualquiera que reciba a un niño como este en mi nombre, a Mí recibe; y cualquiera que me recibe a Mí, no me recibe a Mí, sino al que me envió."»

Poco después de esto leemos que «se acercan a El Jacobo y Juan, los dos hijos de Zebedeo, y le dicen: "Queremos que hagas por nosotros lo que te pidamos." El les dijo: " ¿Qué queréis que haga por vosotros?" Y ellos le dijeron: "Concédenos que en tu gloria nos sentemos el uno a tu derecha y el otro a tu izquierda." Jesús les dijo: "No sabéis lo que estáis pidiendo. ¿Podéis beber la copa que Yo bebo, o ser bautizados con el bautismo con que Yo soy bautizado?" Y ellos le dijeron: "Podemos." Entonces les dijo Jesús: "La copa que Yo bebo, la beberéis; y seréis bautizados con el bautismo con que Yo soy bautizado; pero el sentarse a mi derecha o a mi izquierda, no es mío el concederlo, sino que es para quienes ha sido preparado." Al oír esto, los diez comenzaron a indignarse con respecto a Jacob y Juan. Y llamándoles, adonde El estaba, les dice Jesús: "Sabéis que los que se tienen por gobernantes de los gentiles, se enseñorean de ellos, y sus magnates les sujetan bajo su autoridad. Pero, entre vosotros no es así, sino que cualquiera que desee llegar a ser grande entre vosotros, será vuestro sirviente; y cualquiera que desee entre vosotros ser primero, será esclavo de todos; porque aun el Hijo del Hombre no vino a ser servido, sino a servir y a dar su vida como rescate por muchos"» (Marcos 10:35-35).

Estas últimas palabras fueron habladas en el tercer año de su ministerio. Hacía tres años que los discípulos estaban con El; habían escuchado las palabras que habían salido de sus labios; con todo, habían fracasado en aprender esta lección de humildad. Lo más humillante que ocurrió entre los doce escogidos en la noche de la traición de nuestro Señor, tuvo lugar cuando Judas le vendió y Pedro le negó. Si hubiera algún lugar en que podíamos esperar que se pensara menos en estas cosas, era en la mesa de la Ultima Cena. Con todo, vemos que cuando Cristo instituyó este bendito recordatorio, había entre los discípulos una disputa sobre cuál de los discípulos iba ser el mayor: ¡algo asombroso! ¡a la sombra de la cruz casi, cuando el Maestro estaba «sobremanera triste, hasta la muerte»; cuando ya estaba probando la amargura del Calvario y los horrores de aquella noche sombría se acumulaban sobre su alma!

Creo que si Dios nos escudriñara hallaría muchas cosas en nuestras vidas que tenemos que confesar. Si fuéramos probados por la ley de Dios, habría muchas cosas que tendrían que cambiar. Pregunto otra vez: ¿Somos egoístas o tenemos celos? Estamos dispuestos a oír que otros han sido usados por Dios más que nosotros? ¿Se alegran nuestros amigos metodistas de que haya una gran avivamiento en la obra de Dios entre los bautistas? ¿Se regocijarían sus almas al oír que los esfuerzos de otros son bendecidos? Lo mismo podemos preguntar a los bautistas, a los congregacionalistas, a otras iglesias. Si estamos llenos de partidismos y sectarismos, habrá muchas cosas que habremos de poner de lado. Oremos a Dios pidiéndole que nos escudriñe, que nos pruebe, que vea si hay caminos de maldad en nosotros. Si estos hombres santos y buenos se daban cuenta que faltaban, ¿no deberíamos temblar nosotros y esforzarnos por hallar si hay algo en nuestras vidas de lo que Dios quiere que nos desprendamos?

Una vez más quiero llamar vuestra atención a la oración de David contenida en el salmo cincuenta y uno. Un amigo mío me dijo hace unos años que tenía la costumbre de repetir esta oración cada semana por su cuenta. Me parece que es bueno que ofrezcamos estas peticiones con frecuencia; que dejemos que salgan de nuestro corazón. Si hemos sido orgullosos, irritables, poco pacientes, ¿no tenemos que confesarlo al instante? ¿No es ya hora de que empecemos y enderecemos nuestras vidas? ¡Ved cuán rápidamente los impíos empezarán a inquirir sobre nuestro modo de vida! Que los que somos padres pongamos nuestras propias casas en orden, y seamos llenos del Espíritu de Cristo; entonces, no tardará mucho sin que nuestros hijos inquieran lo que tienen que hacer para tener el mismo Espíritu. Creo que hoy, debido a su tibieza y formalidad, la iglesia cristiana está haciendo más infieles que todos los libros que los infieles han escrito. No temo las lecturas mundanas ni la mitad de lo que temo el formalismo frío y muerto en la iglesia que profesa ser cristiana en el tiempo presente. Una reunión de oración como la que tuvieron los discípulos en el día de Pentecostés sacudiría la apatía e indiferencia de cualquier congregación.

Lo que queremos es echar mano de Dios en oración. No vamos a alcanzar las masas por medio de grandes sermones. Lo que necesitamos es «mover el Brazo que mueve al mundo». Para conseguirlo hemos de tener las cuentas claras y limpias con Dios. «Pues si nuestro corazón nos reprocha algo, mayor que nuestro corazón es Dios, y El conoce todas las cosas. Amados, si nuestro corazón no nos reprocha nada, tenemos confianza ante Dios, y lo que le pidamos lo recibiremos de El, porque guardamos sus mandamientos, y hacemos las cosas que son agradables delante de El» (1.ª Juan 3:20-22).

Confesión

No vengo a ti
Sin esperanza;
No doblo mi rodilla
Con desconfianza;
El pecado me ha vencido,
Pero también he sabido
Que Jesús murió por mí.

Mi maldad,
Es roja como la grana;
Sin medida,
Es mi pecado;
El pecado de no amarte,
El pecado de olvidarte.
¡Por el pecado inundado!

Pero Señor te confieso
Con tristeza este pecado;
Ni una excusa te presento
Vengo a ti tal como soy.
Límpiame de mi inmundicia.
Con tu sangre lava mi alma
¡Hazme puro como el sol!

H. Bonar

4

RESTITUCION

Un nuevo elemento de la oración triunfante es la restitución. Si en otro tiempo he tomado lo que no me pertenecía, y no estoy dispuesto a restituirlo, mis oraciones no van a llegar más allá del tejado, nunca alcanzarán el cielo. Es algo singular, pero nunca he tocado este tema en mis sermones o mensajes sin que haya habido resultados inmediatos. Un hombre una vez me dijo que no tenía necesidad de insistir sobre este punto en una reunión en la que iba a hablar, puesto que probablemente no habría nadie presente allí que tuviera que hacer restitución. Pero, yo creo que si el Espíritu de Dios escudriña nuestros corazones, hallará que la mayoría tenemos muchas cosas en las que no habíamos pensado antes.

Después que Zaqueo encontró a Cristo las cosas cambiaron bastante para Zaqueo. Me atrevo a decir que la idea de hacer restitución no había entrado nunca en su mente antes. Probablemente, pensaría aquella mañana que era un hombre honrado. Pero cuando el Señor le habló, vio las cosas de modo muy distinto. Notemos cuán corto fue su discurso. Lo único que se nos dice del mismo es: «Voy a dar a los pobres la mitad de mis bienes; y si en algo he defraudado a alguno, se lo devuelvo cuadruplicado» (Lucas 19:8). ¡Unas pocas palabras, pero su eco todavía resuena después de veinte siglos!

Al hacer esta declaración confesó su pecado: no había sido honrado. Además, mostró que conocía los requerimientos de la ley de Moisés. Si un hombre había tomado lo que no le pertenecía, no sólo había de devolverlo, sino que tenía que multiplicarlo por cuatro. Creo que en esta dispensación nosotros tendríamos que ser tan honrados como eran entonces bajo la Ley. Estoy cansándome de sentimentalismo, que no endereza la vida de un hombre. Cantamos himnos y salmos, y ofrecemos oraciones, pero éstos serán una abominación a Dios, a menos que estemos dispuestos a enderezar nuestra vida diaria. Nada dará al Cristianismo tanto poder sobre el mundo como el que los creyentes empiecen a actuar de este modo. Zaqueo, probablemente, tuvo más influencia en Jericó después de hacer restitución que ninguna otra persona en la ciudad.

Finney, en sus mensajes a los cristianos profesos dice: «Una razón para el requerimiento: "No os conforméis a este mundo" es la influencia inmensa, saludable e instantánea que ejercería el que todo el mundo hiciera negocios bajo los principios del Evangelio. que se cambiaran las tornas, y fueran los cristianos los que hicieran los negocios durante un año bajo los principios del Evangelio. ¡Esto sacudiría el mundo! Resonaría más que un trueno. Que los infieles vieran a los cristianos profesos cómo en cada trato consultan el bien de la otra persona, buscando no su propia riqueza, sino la del otro; viviendo por encima del mundo no poniendo valor en el mundo más allá de lo que pueda ser un medio de glorificar a Dios; ¿cuál creéis que sería el efecto? Cubriría al mundo de confusión y les redargüiría de modo abrumador de pecado.»

Finney hace notar apropiadamente que el arrepentimiento genuino es la restitución. «El ladrón que no se ha arrepentido se queda con el dinero que robó. Puede tener convicción de pecado, pero no se arrepiente. Si se arrepiente, devolverá el dinero. Si has engañado a alguno, y no restauras lo que has tomado injustamente; o si has injuriado a alguno y no procuras reparar el daño que has hecho, por lo que a tí respecta, no te has arrepentido de veras.»

Exodo 22:1 dice: «Cuando alguno hurte buey u oveja, y lo degüelle o venda, por aquel buey pagará cinco bueyes, y por aquella oveja cuatro ovejas.» Y luego: «Si alguno deja pastar en campo o viña, y mete su bestia en campo de otro, de lo mejor de su campo y de lo mejor de su viña pagará. Cuando se prenda fuego, y al quemar espinos se quemen mieses amontonadas o en pie, o campo, el que encendió fuego pagará lo quemado» (versículos 5, 6).

O volvamos a Levítico, cuando se establece la ley de los delitos y las ofrendas: vemos el mismo punto presentado con la misma fuerza y claridad:

«Cuando una persona peque y haga prevaricación contra Jehová, y niegue a su prójimo lo encomendado o dejado de su mano, o bien robe o calumnie a su prójimo, o habiendo hallado lo perdido, después lo niegue, y jure en falso; en alguna de todas aquellas cosas en que suele pecar el hombre, entonces, habiendo pecado y ofendido, restituirá aquello que robó, o el daño de la calumnia, o el depósito que se le encomendó, o lo perdido que halló, o todo aquello sobre que había jurado falsamente; lo restituirá por entero a aquel a quien pertenece, y añadirá a ello la quinta parte, en el día de su expiación» (6:2-5).

Lo mismo se repite en Números, donde dice:

«Di a los hijos de Israel: "El hombre o la mujer

que cometa alguno de todos los pecados con que los hombres prevarican contra otro, ofendiendo a Jehová, aquella persona confesará el pecado que cometió, y compensará enteramente el daño, y añadirá sobre ello la quinta parte, y lo dará a aquel contra quien pecó. Y si aquella persona hubiese fallecido y no tuviese pariente al cual sea resarcido el daño, se dará la indemnización del agravio a Jehová entregándola al sacerdote, además del carnero de las expiaciones, con el cual hará expiación por él"» (Números 5:6-8).

Estas fueron las leyes que Dios promulgó para su pueblo, y creo que sus principios obligan aún hoy. Si hemos quitado algo a alguien, o le hemos defraudado, no sólo hemos de confesarlo, sino que hemos de hacer restitución. Si hemos proyectado una falsa imagen de otro —si hemos esparcido una calumnia o falso informe sobre otro— hemos de hacer todo lo que podamos para deshacer la injusticia cometida.

Es con referencia a la justicia práctica de este tipo que Dios dice en Isaías: «He aquí que para contiendas y debates ayunáis, y para dar puñetazos al desvalido; no ayunéis como hoy, para que vuestra voz sea oída en lo alto. ¿Es tal el ayuno que yo escogí, que por un día aflija el hombre su alma, que incline su cabeza como un junto, y haga cama de cilicio y de ceniza? ¿Llamaréis a esto ayuno, y día agradable a Jehová? ¿No es más bien el ayuno que yo escogí, desatar las cadenas de maldad, soltar las coyundas del yugo, y dejar ir a los quebrantados, y que rompáis todo yugo? ¿No es que partas tu pan al hambriento, y a los pobres errantes albergues en tu casa; que cuando veas al desnudo, lo cubras y no te escondas de tu hermano? Entonces brotará tu luz como el alba, y tu curación se echará de ver rápidamente; e irá tu justicia delante de ti, y la gloria de Jehová será tu retaguardia. Entonces invocarás, y te oirá Jehová; clamarás, y dirá él: "Heme aquí"» (Isaías 58:4-9).

Trapp, en su comentario sobre Zaqueo, dice: «El sultán Selymus le dijo a su consejero Pirro, que le estaba aconsejando que concediera la gran riqueza que había quitado a los mercaderes persas para fundar un hospital de ayuda a los pobres, que Dios aborrece usar lo robado como holocausto.» El turco moribundo ordenó que fuera restaurado a sus propietarios legítimos, lo cual fue hecho según lo mandado, para vergüenza de muchos cristianos que hacen objeción a la restitución. Cuando Enrique III de Inglaterra mandó a los Hermanos Menores una partida de tela de lana para que se hicieran hábitos, se la devolvieron con el mensaje de que «no debía dar limosna con lo que había arrancado a los pobres; y que ellos no debían aceptar un regalo tan abominable.» El Maestro Iatimer dijo: «Si no hacéis restitución de los bienes que retenéis, los entregaréis en el cielo mientras los demonios se estarán riendo a costa vuestra.» Enrique VII en su testamento, después de hacer disposición de su alma y cuerpo, designó que se hiciera restitución de todo el dinero que había sido injustamente recaudado por sus funcionarios. La reina María restauró todos los beneficios eclesiásticos asumidos por la corona, diciendo que tenía más interés en la salvación de su propia alma que en diez reinados. El Papa, en este tiempo aproximadamente, emitió una bula para que otros hicieran lo mismo, pero nadie lo hizo. Latimer nos dice que el primer día que predicó sobre restitución, fue a verle una persona dándole una cierta cantidad para restituir; y así ocurrió en otros días.

«Mr. Bradford, oyendo a Latimer sobre este tema, se arrepintió por una nota exactoria que había hecho sin el conocimiento de su señor, y no pudo estar tranquilo hasta que, aconsejado por Mr. Latimer, hizo restitución, y para hacerda de buena gana renunció a cierto patrimonio privado que tenía en la tierra. "Yo mismo", dice Mr. Barroughs, "conocí a un hombre que había defraudado a otro por valor de cinco chelines, y cincuenta años después no pudo estar tranquilo hasta que los restauró".»

EL VERDADERO ARREPENTIMIENTO REQUIERE RESTITUCION

Si hay verdadero arrepentimiento dará fruto. Si hemos defraudado a alguno, nunca deberíamos pedir perdón hasta que estemos dispuestos a hacer restitución. Si he hecho a alguien alguna injusticia grande y no puedo repararla, no tengo por qué pedir perdón a Dios hasta que he hecho restitución. Recuerdo que predicaba en una ciudad del Este, cuando se me acercó un caballero que estaba muy afligido. «El hecho es que soy un desfalcador, me dijo. He quitado dinero a la compañía por la que trabajo. ¿Cómo puedo hacerme cristiano sin restaurar el dinero?»

«¿Tiene suficiente para hacerlo?»

Me dijo que no lo tenía todo. Había quitado 1.500 dólares, y tenía todavía 900. Me preguntó:

«¿No podría usar este dinero para emprender un negocio, y hacer restitución y pagarles luego?»

Le contesté que esto era un engaño de Satán, y que no podía pensar en prosperar con dinero robado; que debía restaurar todo lo que tenía, que tenía que ir a ver a sus jefes y pedirles perdón.

«Pero me pondrán en la cárcel», me contestó. «¿Puede usted ayudarme?»

«No; usted debe restaurar el dinero antes de poder esperar ninguna ayuda de Dios.»

«Es un poco difícil», me contestó.

«Sí, es difícil; pero la gran equivocación fue el quitarlo.»

Su carga se hizo tan pesada que al fin no lo pudo soportar. Me entregó lo que tenía, 950 dólares y algunos centimos, y me pidió que lo restaurara a sus jefes. Yo les conté la historia, y les dije que el hombre esperaba misericordia, no justicia. Las lágrimas se les cayeron de los ojos a aquellos dos hombres y contestaron: «Le perdonamos, sí, le perdonamos de buen grado.» Yo bajé las escaleras y fui a buscarlo. Después que hubo confesado su culpa y fue perdonado, todos nos arrodillamos y celebramos una reunión de oración. Dios estaba allí y nos bendijo.

Otro amigo mío se había hecho cristiano y trataba de consagrarse él y su riqueza a Dios. Anteriormente había hecho transacciones con el gobierno y se había aprovechado ilegalmente. Esto acudió a su memoria, y su conciencia le turbaba. Tuvo una lucha terrible; su conciencia insistía. Al fin hizo un cheque por 1.500 dólares y lo envió a la tesorería del gobierno. Me dijo que había recibido mucha bendición después de haberlo hecho. Estos fueron los frutos del arrepentimiento. Creo que muchos están pidiendo luz a Dios; y no la reciben debido a su falta de honradez.

Un individuo vino a una de nuestras reuniones en que se tocó este tema. Esto le trajo a la memoria el recuerdo de una transacción fraudulenta. Vio al instante por qué sus oraciones no eran contestadas, y «volvió en sí» como dice la Escritura. Dejó la reunión, tomó el tren y se dirigió a una ciudad distante, donde había defraudado a su patrón hacía ya años. Fue a verle, le confesó su delito y le ofreció hacer restitución. Luego se acordó de otra, en que se había quedado corto en los tratos que habían estipulado, e hizo arreglos para pagar lo que faltaba. Regresó a su lugar, en donde celebrábamos las reuniones, y Dios bendijo su alma en abundancia. Recibió bendición como pocas veces he visto.

Hace algunos años, en el norte de Inglaterra, vino a verme después de una reunión una mujer que parecía muy ansiosa respecto a su alma. Durante un tiempo parecía que no podía obtener paz. La verdad era que estaba encubriendo una cosa que no quería confesar. Al fin la carga fue tan grande que le dijo a uno de mis colaboradores: «Cada vez que me arrodillo para orar me acuerdo de unas botellas de vino que hurté de un antiguo patrón mío.» Mi colaborador le contestó: «¿Por qué no las restituye?» La mujer contestó que el hombre había muerto, y que además, no tenía idea de lo que valían. «¿No hay herederos a quienes restituirlo?» Ella contestó que había un hijo que vivía a cierta distancia; pero que pensaba que hacerlo sería muy humillante, y que por ello lo había ido demorando. Al fin tomó la decisión de devolverlo y dejar limpia su conciencia, por lo que tomó el tren y se fue al lugar en que vivía el hijo de su antiguo patrón. Se había llevado cinco libras esterlinas, cantidad que suponía sería bastante. El hombre le contestó que no quería el dinero, pero ella insistió: «No lo quiero yo tampoco, pues me quema en el bolsillo.» Finalmente el hombre aceptó la mitad y lo entregó a una institución benéfica. Ella regresó al fin, contenta como pocas personas he visto. Me dijo que no sabía lo que le pasaba de la alegría y bendición que había recibido en su alma.

Es posible que haya algo en nuestras vidas que necesite ser enderezado; algo que ocurrió hace quizá veinte años, que ha sido olvidado, hasta que el Espíritu de Dios nos lo recuerda. Si no estás dispuesto a hacer restitución no pueden esperar que Dios te bendiga. Quizás ésta es la razón por la que muchas de tus oraciones no reciban respuesta.

Limpieza perfecta

¡El que quiera ver su alma limpia de pecado
Debe presentar ante el altar de Dios
Toda su vida, su gozos y sus lágrimas,
Su esperanza, su amor, poder y años,
Su voluntad y todo cuanto tiene!

Ha de hacer un entero sacrificio
Ponerse del lado de Dios completamente,
arrostrar reproches y vergüenza
Por aquel que compró su redención;
Y luego confiar, y confiando esperar,
sin albergar más dudas, sino orando
Que a su debido tiempo escuchará:
«Tu fe te salva, entra ya en mi gozo.»

El gran momento es aquel en que el alma
Es puesta finalmente en el altar;
cuando el orgullo es sacrificado,
y con Cristo, el Señor, crucificado.
Y cuando nos sentimos impotentes
Y nos rendimos, entonces El nos toca
con su mano y nos sana, y pone el sello
de su Espíritu con que nos santifica.

A. T. ALLIS

5

ACCION DE GRACIAS

A continuación hablaremos de otro elemento de la oración que es la acción de gracias. Tendríamos que estar más agradecidos a Dios por lo que nos concede. Quizá algunas de vosotras, madres, tenéis un hijo en la familia que se está quejando constantemente, nunca está contento. Sabéis bien que no produce mucho placer que un hijo haga una cosa así. O si dais limosna a un pobre que siempre está refunfuñando, y nunca agradece lo que se la da, es posible que al final le cerréis la puerta. La ingratitud es una de las cosas más difíciles de tolerar. El gran poeta inglés dice:

> Sigue soplando viento del norte,
> No eres tan desapacible
> Como la ingratitud del hombre;
> Ni aun muerdes tan a lo vivo
> Puesto que no se te ve
> Aunque tu aliento es tan rudo.

No es posible hablar con bastante claridad y llaneza de este mal, que deshonra a todos los que de él son culpables. Incluso se encuentra con demasiada frecuencia entre los cristianos. Aquí estamos, recibiendo bendiciones de Dios día tras día; y con todo, ¡cuán poca alabanza y agradecimiento hay en la Iglesia de Dios!

Gurnal en su libro «La Armadura del Cristianismo», refiriéndose a las palabras: «Dando gracias a Dios por todo», dice: «La alabanza es apropiada para el justo. Un santo no agradecido es una contradicción. El mal y el desagradecimiento son hermanos gemelos, que viven y mueren juntos; cuando alguien deja de ser malo, empieza a ser agredecido. Es lo que Dios espera de tus manos; El te hizo para este fin. Cuando se decidió en el cielo que existieras —¡sí, feliz existir en Cristo!— fue para esto, para que fueras un nombre y alabanza para El en la tierra y en el tiempo, y luego en el cielo por la eternidad. Si Dios no recibe esto, dejaría de cumplirse una parte principal de sus designios. ¿Qué es lo que hace toda bendición, sino proporcionarte material para que compongas un cántico en alabanza suya? "Son míos, hijos míos que no van a mentir; por ello fue su Salvador"

»El espera un trato justo de tus manos. ¿A quién confía un padre su reputación sino a su hijo? ¿De dónde puede un príncipe esperar honor si no de sus favoritos? Tu estado es tal que la menor merced que recibes es mayor que los mundos. ¡Tú, cristiano, y tus pocos hermanos os dividís el cielo y la tierra entre vosotros! ¿Qué ha dejado de entregarte Dios? Sol, luna y estrellas han sido encendidas para darte luz; el mar y la tierra te ofrecen tesoros para tu uso; los otros son ocupantes furtivos; vosotros sois los legítimos herederos; ellos los usan sin derecho. Los ángeles, buenos y malos, están a vuestro servicio; los malos, contra su voluntad, cuando os tientan se ven forzados a abrillantar vuestras gracias frotándolas, y contribuyen a vuestro mayor bienestar; los ángeles buenos sirven a vuestro Padre celestial, y no desdeñan llevaros en sus brazos. Vuestro Dios no se retira de vosotros; El es vuestra porción: Padre, Esposo, Amigo. Dios es su propia felicidad y os admite a vosotros a que gocéis de El. ¡Oh, qué gran honor para un súbdito el beber de la copa de su príncipe! "Los harás beber del río de tus placeres." Y todo esto no lo habéis conseguido con vuestro sudor y sangre; el festín lo paga Otro, aunque espera que deis las gracias al Fundador. Bajo el Evangelio no se imponen ofrendas por el pecado; todo lo que se espera son ofrendas de agradecimiento.»

Charnok, al hablar de la adoración espiritual dice: «La alabanza a Dios es el sacrificio y adoración escogida bajo la dispensación de la gracia redentora. Esta es la parte principal y eterna de la adoración bajo el Evangelio. El salmista, hablando de los tiempos del Evangelio, nos estimula a esta clase de adoración: "Cantad al Señor un nuevo cántico; que los hijos de Sión celebren gozosos a su Rey; que los santos se regocijen en gloria; que canten en sus camas; que den alabanzas a Dios en su boca." El Salmo 150 empieza cada línea con "¡Alabadle!" Es imposible pensar en un culto espiritual y evangélico que no contenga la alabanza a Dios en el corazón. La consideración de las adorable perfecciones de Dios que descubrimos en el Evangelio nos hace acudir a El con mayor solemnidad, pedirle bendiciones con mayor confianza, volar a El en alas de la fe y del amor, glorificarle más espiritualmente.»

LA ALABANZA VA UNIDA CON LA ORACION

Hay mucho más en la Biblia sobre la alabanza que sobre la oración; sin embargo, ¡cuán pocas reuniones de alabanza hay en ella! David en sus Salmos, siempre une la alabanza con la oración. Salomón ofreció oración a Dios en la dedicación del templo; pero fue la voz de la alabanza la que llenó el templo; porque leemos: «Y cuando los sacerdotes salieron del santuario (porque todos los sacerdotes que se hallaron habían sido santificados, sin guardar orden de clases; y los levitas cantores, todos los de Asaf, los de Heman y los de Jedutun, juntamente con sus hijos y sus hermanos, vestidos de lino fino, estaban con címbalos y salterios y arpas al oriente del altar; y con ellos ciento veinte sacerdotes que tocaban trompetas), cuando hacían resonar, pues, las trompetas, y cantaban todos a una, para alabar y dar gracias a Jehová, y a medida que alzaban la voz con trompetas y címbalos y otros instrumentos de música, y alababan a Jehová, diciendo: "Porque El es bueno, porque su misericordia es para siempre"; entonces la casa se llenó de una nube, la casa de Jehová. Y no podían los sacerdotes estar allí para ministrar por causa de la nube; porque la gloria de Jehová había llenado la casa de Dios» (2.ª Crónicas 5:11-14).

Leemos también, de Josafat, que ganó la victoria sobre los hijos de Amon y Moab mediante la alabanza, estimulada por la fe y el agradecimiento a Dios.

«Y el día siguiente se levantaron temprano y salieron al desierto de Tecoa. Y mientras ellos salían, Josafat, puesto en pie, dijo: "Oídme, Judá y moradores de Jerusalén. Creed en Jehová vuestro Dios, y estaréis seguros; creed a sus profetas, y seréis prosperados." y habido consejo con el pueblo, puso a algunos que cantasen y alabasen a Jehová, vestidos de ornamentos sagrados, mientras salía la gente armada, y que dijesen: "Glorificad a Jehová, porque su misericordia es para siempre." Y cuando comenzaron a entonar cantos de alabanza, Jehová se puso contra los hijos de Amon, de Moab y del monte de Seir, las emboscadas de ellos mismos que venían contra Judá, y se mataron los unos a los otros» (2.ª Crónicas 20: 20-22).

Se dice que en un período de gran abatimiento entre los primeros colonos de Nueva Inglaterra, en los Estados Unidos, se hizo la proposición en una de sus asambleas públicas de proclamar un ayuno. Un viejo labrador se levantó; les dijo que estaban provocando al cielo con sus quejas, y pasó revista a lo que poseían, y les mostró que tenían mucho de qué estar agradecidos, y propuso que en vez de designar un día de ayuno debían designar un día de agradecimiento. Se hizo así, y esta costumbre se continúa en el país hasta nuestros días.

Por grandes que sean nuestras dificultades, o por penosas que sean nuestras aflicciones, siempre hay lugar para el agradecimiento. Thomas Adams ha dicho: «Pon en el arco de tu memoria no sólo el cazo con maná, el pan de vida; pon también la vara de Aarón, el mismo azote de corrección, con el que has sido disciplinado y mejorado.» «Bendito sea el Señor, no sólo cuando da, sino también cuando quita», decía Job. Dios que ve que no es un sendero de rosas el que lleva al cielo, pone a sus hijos por un camino de disciplina; y con el fuego de la corrección limpia la herrumbre de la corrupción. Dios envía la dificultad, luego nos manda que le invoquemos a El; nos promete su liberación; finalmente, todo lo que nos requiere es que le glorifiquemos. «Llámame en el día de la angustia; y Yo te libraré, y tú me glorificarás.» Como el ruiseñor, podemos cantar cuando es de noche, y decir con John Newton:

> Como todo cuanto me acontece
> Es sólo para mi bien,
> Lo amargo me es dulce,
> Lo acerbo alimento;

Dolor de momento
Pero pronto cesa,
Y entonces, alegre,
Canto su victoria.

Entre todos los apóstoles ninguno sufrió tanto como Pablo; pero no vemos que ninguno de ellos dé gracias tan frecuentemente como él. Tomad la epístola a los Filipenses. Recordad lo que sufrió en Filipos; cómo le azotaron y le echaron en la cárcel. Con todo, cada capítulo de esta carta rebosa acción de gracias y regocijo. Hay en ella este conocido pasaje: «Por nada os inquietéis, sino que sean presentadas vuestras peticiones delante de Dios mediante oración y ruego con acción de gracias» (Filipenses 4:6). Hay aquí tres preciosas ideas: «No os inquietéis por nada», «orad por todo», y «agradecedlo todo». Siempre conseguimos más cuando somos agradecidos por lo que Dios ha hecho por nosotros. Pablo dice de nuevo: «Damos gracias al Dios y Padre de nuestro Señor Jesucristo, orando siempre por vosotros» (Colosenses 1:3). De modo que le estamos dando gracias constantemente. Podemos leer cualquier de sus epístolas, y hallaréis que están llenas de alabanza a Dios.

Incluso si no hubiera otro motivo para el agradecimiento, sería siempre una causa suficiente y abundante para ello el que Jesucristo nos haya amado y se entregara por nosotros. Un labrador estaba una vez arrodillado ante la tumba de un soldado cerca de Nashville. Alguien se acercó y le dijo: «¿Por qué estás con tanta atención antes esta tumba? ¿Hay un hijo tuyo enterrado aquí?»

«No», contestó. «Durante la guerra todos mis familiares estaban enfermos y no sabía cómo podría dejarlos cuando me llamaran para incorporarme a filas. Uno de mis vecinos vino y me dijo: "Iré en tu lugar; yo no tengo familia." Fue y cayó herido en

Chickamauga. Fue llevado al hospital y murió allí. He venido todas estas millas para poder escribir en su tumba estas palabras: "Murió por mí."»

Y esto es lo que el creyente puede decir siempre de su bendito Salvador, y puede muy bien regocijarse: «Así que ofrezcamos siempre a Dios, por medio de El, sacrificio de alabanza, fruto de labios que confiesan su nombre» (Hebreos 13:15).

La alabanza a Dios

Habla labio mío
Y proclama siempre
Alabanza a Dios.
Lengua no vaciles
En tonos alegres
alaba y no ceses.

Hablad mar y tierra,
Estrellas del cielo,
Por lejos que estéis.
Resonad la nota
y que reverbere
por la creación.

Hablad también cielos
donde se halla Dios
en su santo trono.
¡Angeles hablad!
Proclamad, cantad
alabad su nombre.

¡Habla hijo del polvo!
Pues tomo tu carne
Y el cielo dejo.
¡Habla hijo de muerte!
Tu muerte El murió
¡Bendice al Señor!

H. BONAR

6

PERDON

Lo siguiente es quizá la parte más difícil de todas: el perdón. Creo que esto es lo que impide a muchas personas el que puedan recibir el poder de Dios, más que cualquier otra cosa: el que no estén dispuestos a cultivar el espíritu de perdón. Si dejamos que la raíz de amargura contra alguno siga penetrando en nuestro corazón, nuestra oración no puede recibir respuesta. Puede que no sea fácil vivir en dulce compañía con todos aquellos con quienes nos ponemos en contacto; pero es para esto que recibimos la gracia de Dios.

La oración del Padrenuestro es una prueba de nuestra filiación; si podemos decirla de todo corazón tenemos buenas razones para creer que hemos nacido de Dios. Nadie puede llamar a Dios Padre si no es por el Espíritu. Aunque esta oración ha sido una gran bendición para el mundo, creo que ha sido una piedra de tropiezo también, porque muchos han tropezado en ella para perdición. No sopesan su significado, no toman sus hechos directamente en su corazón. Yo no simpatizo con la idea de la filiación universal: que todos somos hijos de Dios. La Biblia enseña claramente que somos adoptados a la familia de Dios. Si todos fuéramos hijos de Dios no necesitaríamos ser adoptados. Todos hemos sido creados por Dios; pero cuando la gente enseña que todos podemos decir «Padre nuestro que estás en los cielos», tanto si somos nacidos de Dios como si no, hacemos algo contrario a las Escrituras. «A los que son guiados por el Espíritu de Dios, los hizo hijos de Dios.» La filiación en la familia es el privilegio del creyente. «En esto se manifiestan los hijos de Dios y los hijos del diablo», dice 1.ª Juan 3:10. Si estamos haciendo la voluntad de Dios, esto es señal de que hemos nacido de Dios. Si no tenemos deseos de hacer esta voluntad, ¿cómo podemos llamar a Dios «Nuestro Padre»?

Otra cosa. No podemos orar realmente por la venida del reino de Dios a menos que estemos en él. Si pidiéramos que viniera el reino de Dios mientras estamos en rebeldía contra El estamos procurando nuestra propia condenación. Ningún hombre sin regenerar quiere hacer realmente la voluntad de Dios en la tierra. Podríamos escribir a la puerta de la casa de todos los no salvos y sobre sus lugares de negocio: «La voluntad de Dios no se hace aquí.»

Si las naciones dijeran de veras esta oración, los ejércitos se podrían desbandar. Dicen que hay millones y millones de hombres en los ejércitos de Europa solamente. Pero, estos hombres no quieren que se haga la voluntad de Dios sobre la tierra como se hace en el cielo: este es realmente el problema.

Vayamos ahora a la parte sobre la que quiero insistir: «Perdónanos nuestras deudas como nosotros perdonamos a nuestros deudores.» Esta es la única parte de la oración que Cristo explicó.

«Porque si perdonáis a los hombres sus ofensas, os perdonará también a vosotros vuestro Padre celestial, pero si no perdonáis a los hombres sus ofensas tampoco vuestro Padre os perdonará vuestras ofensas.» (Mateo 6:14, 15).

Notemos que cuando entramos por la puerta del reino de Dios, cruzamos la puerta del perdón. Nunca conocí a nadie que consiguiera una bendición para su alma que no estuviera dispuesto a perdonar a los otros. Si no queremos perdonar, Dios no nos perdona tampoco. No conozco cómo se podría decir esto más claro que en las mismas palabras del Señor. Creo firmemente que una gran parte de las oraciones que no son contestadas, no lo son porque los que las pronuncian no perdonan a alguien. Vuelve tu mente al pasado, por el círculo de tus amigos y conocidos. ¿Hay algunos contra quienes guardas algún rencor? ¿Hay alguna raíz de amargura contra alguien que te haya injuriado? Es posible que durante meses y años hayas mantenido un espíritu de falta de perdón; ¿cómo puedes pedir a Dios que El te perdone? Si no estoy dispuesto a perdonar a alguno que ha cometido una sola ofensa contra mí, ¡qué cosa tan mezquina y ruín es que yo le pida a Dios que me perdone a mí los diez mil pecados de que soy culpable!

Pero Cristo va incluso más allá. Dice: «Por tanto, si estás presentando tu ofrenda sobre el altar, y allí te acuerdas de que tu hermano tiene algo contra ti, deja allí tu ofrenda delante del altar, y anda, reconcíliate primero con tu hermano, y entonces ven y presenta tu ofrenda» (Mateo 5:23, 24). Es posible que digas: «No sé que tenga nada contra nadie.» ¿Tiene alguien algo contra ti? ¿Hay alguien que piensa que le has faltado en algo? Es posible que tú no lo hayas hecho, pero él lo cree. De mí puedo decir que si fuera así, antes de ir a dormir esta noche iría y dejaría el asunto resuelto. Si lo hacéis así veréis que seréis bendecidos en gran manera por el mismo hecho de hacerlo.

Supongamos que tienes razón y el otro está equivocado; tú has ganado a tu hermano o hermana. ¡Que Dios arranque de nuestros corazones todo espíritu no perdonador!

Un caballero vino a verme hace un tiempo y quiso que yo le hablara a su esposa sobre su alma. Esta señora me pareció ansiosa en extremo, y me dio la impresión que no sería difícil conducirla a la luz; pero cuanto más hablaba con ella más oscuras se hacían las tinieblas. Fui a verla el día siguiente y aún la hallé en mayor oscuridad del alma. Creí que tenía que haber algo que no había descubierto, y le pedí que repitiera conmigo la oración del Padre nuestro. Creí que si podía decir esta oración de todo corazón el Señor le daría paz. Empezó a repetir frase tras frase, hasta que llegamos a la petición: «Perdónanos nuestras deudas como nosotros perdonamos a nuestros deudores.» Aquí se paró. Lo repetí por segunda vez, esperando que lo diría después de mí; pero no dijo nada.

«¿Qué pasa?» Entonces me contestó:

«Hay una mujer a la que nunca perdonaré.»

«¡Oh!», dije, «ya tengo su dificultad; es inútil que sigamos orando pues sus oraciones no llegarán más arriba de mi cabeza. Dios dice que no nos perdonará a menos que nosotros perdonemos a los demás. Si usted no perdona a esta mujer, Dios no la perdonará a usted. Este es el decreto del cielo». Ella me contestó:

«¿Quiere usted decir que no puedo ser perdonada hasta que la haya perdonada yo a ella?»

«No, no, esto no lo dije yo, lo dijo el Señor que tiene más autoridad.»

Entonces ella dijo:

«Pues nunca voy a ser perdonada.»

Me marché sin haber causado mucha impresión en ella. Al cabo de unos años oí que esta mujer se hallaba en un sanatorio mental. Creo que el espíritu que le impedía perdonar la había llevado hasta allí.

EL PERDON TRAE GOZO

Si hay alguien que tiene algo contra ti, ve al instante y reconcíliate con él. Si tú tienes algo contra alguien, escríbele una nota, dile que le perdonas, y saca esto de tu conciencia. Recuerdo que hace unos años estaba en una sala para penitentes en la iglesia; yo estaba en un rincón de la sala, hablando con una joven. Parecía que algo se interponía en su camino, pero no podía hallar lo que era. Al fin dije: «¿Hay alguien a quien usted no perdona?» Ella me miró y me dijo:

«¿Por qué lo pregunta? ¿Se lo ha dicho alguien?»

«No», le contesté, «pero pensé que quizá podría darse este caso, pues usted misma no ha recibido el perdón.»

«Bien», me dijo, indicando otro rincón de la misma sala donde había otra joven sentada. «He tenido problemas con aquella señorita; y hace mucho tiempo que no nos hablamos.»

«¡Oh!», le contesté, «ahora todo está claro para mí; usted no puede ser perdonada hasta que quiera perdonarla a ella.»

Hubo una gran lucha. Pero cuánto mayor es la cruz mayor es la bendición. Errar es humano, pero el perdonar nos asemeja a Cristo y nos permite alcanzar el perdón. Al fin la joven me dijo:

«Iré y la perdonaré.»

Es extraño, pero el mismo conflicto tenía lugar en la mente de la otra joven, al otro lado de la habitación. Las dos se levantaron al mismo tiempo y se encontraron a mitad de la sala. La una trató de decir a la otra que la perdonaba, pero no pudieron terminar; se lanzaron la una a los brazos de la otra. Y luego, los cuatro, ellas y los que trabajábamos con ellas, nos arrodillamos y celebramos una reunión de oración. Las dos se fueron por su camino gozosas.

Querido amigo, ¿es esta la razón por la que tus oraciones no son contestadas? ¿Hay algún amigo, algún miembro de tu familia, alguien en la misma iglesia al cual no perdonas? Algunas veces oímos de miembros de la misma iglesia que no se hablan desde hace años. ¿Cómo podemos esperar que Dios los perdone a ellos?

Recuerdo que una vez Mr. Sankey y yo visitamos una ciudad. Durante una semana estábamos golpeando el aire: ningún resultado, no había poder en las reuniones. Al fin un día, yo dije que quizás había alguien que mantenía un espíritu no perdonador. El presidente de nuestro comité, que estaba sentado a mi lado, se levantó y se marchó de la reunión, delante de todos. La saeta había dado en el blanco y éste era el corazón del presidente del comité. Tenía problemas con alguien desde hacía unos seis meses. Al salir había ido a buscar a aquel hombre y le había pedido que le perdonara. Luego vino a verme con lágrimas en los ojos y me dijo: «Doy gracias a Dios porque usted ha venido aquí.» Aquella noche teníamos la sala de penitentes llena. El presidente era uno de los mejores colaboradores en la obra que he conocido y ha sido activo en el servicio cristiano desde entonces.

Hace años, la iglesia de Inglaterra envió a un devoto misionero a Nueva Zelanda. Después de años de trabajo y de fruto, estaba un domingo celebrando un servicio de comunión en un distrito en que los convertidos habían sido salvajes no hacía mucho tiempo. Cuando el misionero estaba dirigiendo el servicio, observó a un indígena que estaba a punto de arrodillarse para tomar la comunión que, de repente, se levantó y se fue apresuradamente al otro lado de la iglesia. Luego regresó y con calma ocupó su lugar. Después del servicio el misionero le tomó aparte y le preguntó cuál era el motivo de su extraña conducta. El hombre replicó: «¡Ah!, estaba a punto de arrodillarme cuando reconocí al que estaba a mi lado como el jefe de una tribu vecina, el cual había asesinado a mi padre y se había bebido su sangre; y yo había jurado por todos los dioses que le mataría cuando tuviera oportunidad. El impulso de vengarme casi me venció, y por ello me alejé, para escapar de su poder. Mientras estaba en el otro lado de la sala consideré el objeto de nuestra reunión, pensé en Jesús que había orado por los que le mataban: "Padre, perdónalos porque no saben lo que hacen." Y sentí que yo podía perdonar al asesino de mi padre, y me arrodillé a su lado.»

Como alguien ha dicho: «Hay una clase de perdón muy fea en el mundo, una especie de puerco-espín del perdón, que llena al otro de púas. Algunos agarran al que les ha ofendido, le mantienen al alcance de su indignación, le abrasan con su ira y le dejan marcado como un hierro candente su culpa; y cuando le han apabullado bastante, entonces le perdonan.»

El Padre de Federico el Grande, en su lecho de muerte, fue aconsejado por M. Roloff, su consejero espiritual, que tenía que perdonar a sus enemigos. Se quedó turbado, y después de un momento de pausa dijo a la reina: «Tú, Feekin, escríbele a tu hermano (el rey de Inglaterra), después que yo haya muerto, y le dices que yo le he perdonado y he muerto en paz con él.»

«Sería mejor», sugirió suavemente M. Roloff, «que su majestad le escribiera al instante».

«No», respondió secamente. «Escribidle cuando yo esté muerto. Esto será más seguro».

Otra historia nos dice de un hombre que, suponiendo que iba a morir, expresó su perdón hacia otro que le había injuriado, pero añadió: «Ahora bien, si me recobro, todo queda como antes.»

Amigos míos, esto no es perdón. El perdón incluye el olvido de la ofensa, el ponerlo fuera del alcance del corazón y rel recuerdo.

Como dice Matthew Henry: «No perdonamos a nuestro hermano que nos ha ofendido de modo correcto ni aceptable si no le perdonamos de corazón, porque es esto lo que Dios mira. No se puede albergar malicia, ni mala voluntad contra nadie; ni hacer planes de revancha, ni desearla, como hay en muchos que exteriormente parecen pacíficos y reconciliados. Hemos de desear y buscar de todo corazón el bienestar de aquellos que nos han ofendido.»

DIOS PERDONA Y OLVIDA

Si el perdón de Dios fuera como el que nosotros mostramos a menudo, tendría muy poco valor. Supongamos que Dios dijera: «Te perdono, pero no lo olvido; por toda la eternidad te lo iré recordando», no consideraríamos haber sido perdonados en absoluto. Notemos lo que dice Dios: «No recordaré más tu pecado.» En Ezequiel 18:22 promete que ninguno de nuestros pecados volverá a ser mencionado; ¿no es esto propio de Dios? A mí me gusta predicar este perdón, la dulce verdad que el perdón ha sido borrado por toda la eternidad, que nunca más volverá a ser mencionado. En otra parte de la Escritura leemos: «No recordaré más sus pecados e iniquidades.» Luego, cuando llegamos al capítulo once de Hebreos, y leemos la lista de honor de Dios, encontramos que no se mencionan los pecados de ninguno de aquellos hombres de fe: de Abraham se habla como de un hombre de fe; pero no se nos dice cómo trató a su esposa en Egipto; todo ha sido perdonado. Moisés no pudo entrar en la Tierra de Promisión, por su impaciencia; pero esto no se menciona en el Nuevo Testamento, aunque su nombre aparece en el cuadro de honor del apóstol. Sansón es nombrado también pero sus pecados no le son echados en cara. Incluso se habla del «justo Lot»; que no parece muy justo en el relato del Antiguo Testamento, pero ha sido perdonado y considerado como justo. Si somos perdonados por Dios no se nos vuelven a recordar nuestros pecados. Este es el decreto eterno de Dios.

Brooks dice del perdón de Dios concedido a su pueblo: «Cuando Dios perdona, lo limpia del todo; de modo que si se buscara el pecado no se podría encontrar; como dice el profeta Jeremías: "En aquellos días, y en aquel tiempo, dice el Señor, será buscada la iniquidad de Israel, pero no habrá ninguna; y los pecados de Judá, y no podrán ser hallados; porque Yo perdonaré a los que he puesto aparte." Como David, cuando vio en Mefiboset los rasgos de su amigo Jonatán no notó su cojera ni otro defecto alguno o deformidad; también Dios, contemplando en su pueblo la gloriosa imagen de su Hijo no hará caso de sus faltas y deformidades, lo que hizo decir a Lutero: "Haz de mí lo que quieras, puesto que has perdonado mi pecado." Y ¿en qué consiste el perdonar el pecado sino en no mencionarlo?»

Leemos en el Evangelio de Mateo: «Y si tu hermano peca contra ti, vé y repréndele a solas tú con él; si te escucha, has ganado a tu hermano» (18:5). Y luego, más adelante, vemos que Pedro va a Jesús y le dice: «¿Cuántas veces he de perdonar a mi hermano que pecare contra mí? ¿Siete veces?» Jesús le replicó: «No te digo siete veces, sino setenta veces siete.» Pedro no parecía pensar que él mismo estaba a punto de caer en pecado; su pregunta fue: «¿Cuántas veces he de perdonar el pecado?» Pero pronto leemos que el mismo Pedro cayó. Podemos imaginar que cuando cayó, le fue dulce recordar lo que Jesús le había dicho de perdonar setenta veces siete. La voz del pecado es recia, pero la voz del perdón lo es más.

Entremos en la experiencia de David cuando dijo: «Bienaventurado aquel a quien es perdonada su transgresión y cubierto su pecado. Bienaventurado el hombre a quien Jehová no imputa iniquidad, y en cuyo espíritu no hay doblez. Mientras callé, se consumieron mis huesos en gemir de todo el día. Porque de día y de noche pesaba sobre mí tu mano; se volvió mi verdor en sequedades de estío. Mi pecado te declaré, y no encubrí mi iniquidad. Dije: «Confesaré mis transgresiones a Jehová; y tú perdonaste la maldad de mi pecado» (Salmo 32:1-5).

David mira en todas direcciones, hacia atrás, adelante, arriba y abajo; al pasado, al presente y al futuro, y sabe que todo está bien. Tomemos la decisión de no descansar sobre este asunto del pecado hasta que esté saldado del todo, de modo que podamos mirar hacia arriba e invocar a Dios como nuestro Padre que perdona. Perdonemos nosotros a los demás, para que podamos reclamar el perdón de Dios, recordando las palabras del Señor Jesucristo que dijo: «Porque si perdonáis a los hombres sus ofensas, os perdonará también a vosotros vuestro Padre celestial; pero si no perdonáis a los hombres sus ofensas, tampoco vuestro Padre os perdonará vuestras ofensas» (Mateo 6:14, 15).

Perdón

¡Qué gozo ahora, mis pecados han sido perdonados!
¡Ahora puedo creer y creo!
Doy cuanto tengo, cuanto soy y seré
a mi precioso Salvador;
El me despertó de mi mortal sopor;
El dispersó las nubes de mi alma;
El me susurró paz, y me atrajo hacia El,
El pasó a ser mi principal deleite.

Antes el niño olvidará a su madre,
O el esposo afrentará a la esposa
el día de su boda. Fiel a El
y sólo a El seré. A El me aferro.
Jesús, querido oye mi confesión;
Débil yo soy, toda mi fuerza es tuya.
¡En tus brazos me acojo, y socorro hallo,
Y dejo en tu seno mi alma reclinar!

A. MIDLANE

7

LA UNIDAD

Lo siguiente que necesitamos si queremos que nuestras oraciones sean contestadas es: unidad. Si no nos amamos unos a otros, sin duda no tendremos mucho poder con Dios en oración. Una de las cosas más tristes en los días presentes es la división de la Iglesia de Dios. Notamos que cuando el poder de Dios vino sobre la iglesia primitiva fue cuando estaban de común acuerdo. Creo que la bendición de Pentecostés no habría sido concedida de no haber sido por el espíritu de unidad. Si hubieran estado divididos, altercando entre sí, ¿es posible creer que el Espíritu Santo hubiera venido y que se hubieran convertido las personas a miles? He notado en nuestra obra que si vamos a una ciudad en que hay tres iglesias que se han unido tenemos mucha más bendición que si hay tres iglesias pero sólo una simpatiza con las reuniones de avivamiento. Y si hay doce iglesias unidas, la bendición se multiplica por cuatro: siempre ha sido en proporción al espíritu de unidad que se ha manifestado. Donde hay rencillas y divisiones, y donde hay ausencia del espíritu de unidad, allí hay muy poca bendición y alabanza.

El doctor Guthrie da esta ilustración del hecho: «Separa los átomos que constituyen el martillo, y cada uno puede caer sobre la piedra como un copo de nieve; pero cuando están unidos, y manejados por la forzuda mano del obrero en cantera, sus golpes separan las piedras. Dividid las aguas del Niágara en gotas separadas e individuales y parecerá lluvia, pero unidas en masa tienen una fuerza imponente, podrían apagar un volcán.»

La historia nos cuenta que estando los romanos y los albanos en guerra decidieron que harían depender la victoria final de esta guerra de un combate que tendría lugar entre soldados de ambos bandos: dos grupos de tres hermanos cada uno, los hijos de Curacio y los de Horacio. En el combate los curacios fueron heridos los tres, pero consiguieron matar a dos de los horacios. Viendo el tercer Horacio, ileso, que no podía luchar contra los tres, aunque estuvieran heridos, echó a correr, escapándose. Perseguido por los curacios, cuando vio que uno de ellos, aunque herido, se había destacado de los demás en la persecución, se volvió y sin dificultad lo mató. Echó a correr otra vez, y con la misma estratagema eliminó al segundo Curacio. Luego le fue fácil terminar con el tercero. Esta es la astucia del diablo que nos separa para podernos destruir fácilmente.

Tendríamos que aguantar mucho y sacrificarnos mucho antes de permitir que la discordia y la división prevalecieran en nuestros corazones. Martin Lutero cuenta lo siguiente: «Supongamos dos cabras que se encontraran frente a frente en medio de un puente estrecho que uniera un torrente impetuoso, ¿cómo se comportarían? Ninguna de las dos querría retroceder ni dejar pasar a la otra, suponiendo que el puente fuera estrecho; lo más probable es que se embistieran y las dos fueran a parar al agua y se ahogaran. La naturaleza, sin embargo, nos enseña que si la una se tendiera en el suelo y dejara pasar a la otra, las dos saldrían sin daño, sanas. La gente ganaría también, muchas veces, si dejara que los otros pasaran por encima de ellos en vez de enzarzarse en debates y discordias.»

Cawdray dice: «Así como en la música, si la armonía de los tonos no es completa es ofensiva para el oído cultivado; cuando los cristianos están en desacuerdo, no son aceptables a Dios.»

Hay diversidades de dones, según se nos enseña claramente, pero el Espíritu es sólo uno. Si todos hemos sido redimidos por la misma sangre, tendríamos que ver las cosas espirituales al unísono. Pablo escribe: «Hay diversidad de dones, pero el Espíritu es el mismo. Y hay diversidad de ministerios, pero el Señor es el mismo» (1.ª Corintios 12:4, 5).

Donde hay unión no creo que ningún poder de la tierra o del infierno puede sostenerse ante la obra. Cuando la iglesia, el púlpito y los bancos están los tres unidos, o sea, que el pueblo de Dios es de un mismo parecer, el Cristianismo es como una bola de fuego rodando sobre la tierra, y todas las huestes de la muerte y del infierno no pueden prevalecer contra ella. Creo que si fuera así los hombres acudirían en manadas al Reino, cientos y miles. «En esto», dice Cristo, «conocerán los hombres que sois mis discípulos, si os amáis unos a otros». Si tenemos amor los unos a los otros y oramos unos por otros, triunfaremos. Dios no nos va a dejar decepcionados.

No puede haber una separación o división real en la verdadera Iglesia de Cristo; todos son redimidos por un precio, y revestidos por un Espíritu. Si pertenezco a la familia de Dios, he sido comprado por la misma sangre, aunque no pertenezca a la misma denominación. Lo que queremos es terminar con estas desgraciadas murallas de sectarismo. Nuestra debilidad han sido nuestras divisiones; y lo que necesitamos es que no haya cismas o divisiones entre los que aman al Señor Jesucristo. En la Primera Epístola a los Corintios leemos los primeros síntomas del sectarismo que penetran en la iglesia primitiva:

«Os exhorto, hermanos, por el nombre de nuestro Señor Jesucristo, a que habléis todos una misma cosa, y que no haya entre vosotros divisiones, sino que estéis perfectamente unidos en una misma mente y en un mismo parecer. Porque he sido informado acerca de vosotros, hermanos míos, por los de Cloé, que hay entre vosotros contiendas. Me refiero a que cada uno de vosotros dice: "Yo soy de Pablo; y yo de Apolos; y yo de Cefas; y yo de Cristo." ¿Acaso está dividido Cristo? ¿Fue crucificado Pablo por vosotros? ¿O fuisteis bautizados en el nombre de Pablo?» (1.ª Corintios 1:10-13).

Nótese cómo el uno dice: «Yo soy de Pablo»; y otro: «Yo soy de Apolos»; y otro: «Yo soy de Cefas.» Apolos era un joven orador, y el pueblo había sido arrebatado por su elocuencia. Algunos decían que Cefas, o sea Pedro, era miembro de la línea apostólica regular, porque había estado con Cristo, pero Pablo no. De modo que se dividieron y Pablo escribió esta carta a fin de resolver la cuestión.

Jenkyn, en su comentario a la Epístola de Judas dice: «Los participantes de una "salvación común", que aquí están de acuerdo en un camino hacia el cielo, y que esperan estar más tarde en un cielo, deberían tener un solo corazón. Esta es la inferencia del apóstol en Efesios. ¡Qué penosa calamidad es que, estén de acuerdo en una fe común pero se conduzcan como enemigos comunes! ¡Que los cristianos vivan como si la fe hubiera extirpado el amor! Esta fe común debería ceder y templar nuestros espíritus en todas nuestras diferencias. Debería moderar nuestra mente, aunque haya diferencias en nuestras relaciones terrenas. ¡Qué motivo tan poderoso fue para José, en la concesión de su perdón, el que los ofensores fueran sus hermanos y el que fueran todos ellos siervos del Dios de sus padres! ¡Si nuestro propio aliento carece de fuerza para apagar la vela de las rencillas, que la extinga por lo menos la sangre de Cristo!»

DEPLORANDO LA DIVISION DE LA IGLESIA

¡Qué estado de cosas más extraño encontrarían Pablo, Cefas y Apolo si regresaran al mundo hoy. El pequeño arbolito que echó raíces en Corinto se ha vuelto como el árbol de Nabucodonosor, con ramas abuidantes en las que anidan las aves de los cielos. Supongamos que Pablo y Cefas regresaran hoy, oirían, al punto, hablar de disidentes. «¡Un disidente!» exclamaría Pablo, «¿qué es esto?»

«Tenemos una iglesia anglicana, y hay otros que disienten de esta iglesia.»

«¡Ah, ya entiendo! Hay, pues, dos clases de cristiano hoy, ¿no?»

«¡No, no! Hay muchas más divisiones, me sabe mal tener que confesarlo. Los disidentes están también divididos entre sí. Hay metodistas, bautistas, presbiterianos, y otros más; todos éstos están a su vez divididos.»

«¿Es posible, dice Pablo, que haya tantas divisiones?»

«Sí. La iglesia de Inglaterra está también dividida entre sí. Hay varias ramas, la Amplia, la Alta, y la Baja y aún más. Luego tenemos la iglesia luterana, y en Rusia tenemos la iglesia griega y otras más.»

No sé de cierto lo que que pensarían Pablo y Cefas, pero creo que si regresaran al mundo encontrarían este estado de cosas asombroso. Es una de las cosas más humillantes de nuestros días el ver a la familia de Dios tan dividida. Si amamos al Señor Jesucristo, debería pesar en nuestros corazones el deseo de que Dios nos volviera a unir, de modo que pudiéramos amarnos unos a otros y elevarnos por encima de los sentimientos partidistas.

Al hacer reparaciones en una iglesia, de uno de los barrios de Boston, se cubrió un versículo que había inscrito en la pared detrás del púlpito. El primer domingo después de terminada la reparación, un niño de cinco años murmuró a su madre: «Ya sé por qué Dios les dijo a los pintores que taparan este versículo que había aquí. Fue porque la gente no se amaban.» La inscripción decía: «Un nuevo mandamiento os doy, que os améis los unos a los otros.»

Un pastor de Boston dijo que una vez había predicado sobre «Reconocimiento de los amigos en el futuro», y al terminar el servicio un oyente le dijo que sería mucho mejor que hubiera predicado sobre el reconocimiento de los amigos aquí, puesto que él hacía veinte años que iba a aquella iglesia y todavía no conocía a ninguno de los miembros.

Estuve en un pueblo hace un tiempo, predicando, cuando una noche, al salir de una reunión, vi que de otro edificio estaba saliendo gente. Le dije a un amigo: «¿Hay dos iglesias aquí?»

«¡Oh, sí!»

«¿Cómo os lleváis con ellos?»

«¡Oh, muy bien!», me contestó.

«Estoy contento de saberlo», le dije. Entonces le pregunté: «¿Ha venido el otro pastor a alguna de nuestras reuniones?»

«¡Oh, no, esto no! No tenemos nada que ver con ellos. Hemos decidido que esto es lo mejor.»

Yo pensé: «¡Menos mal que se llevan muy bien!» ¡Oh, si Dios nos uniera a todos de corazón y de parecer! Que nuestros corazones fueran como gotas de agua unidas. La unidad entre el pueblo de Dios es una especie de anticipo del cielo. Allí no habrá bautistas, metodistas, congregacionalistas o episcopales; todos seremos uno en Cristo. Los nombres de las denominaciones los dejaremos todos en la tierra. ¡Oh, si el Espíritu de Dios derribara estas miserables paredes que nosotros hemos edificado!

¿Habéis notado que la última oración que Jesucristo hizo sobre la tierra, antes de ir al Calvario, fue para pedir que sus discípulos fueran uno? Podía ver a lo largo del corredor del tiempo, en el futuro, las divisiones que Satán introduciría en el rebaño de Dios. Nada pondría en silencio a los infieles tan rápidamente como el que los cristianos se unieran. Entonces nuestro testimonio tendría peso entre los infieles y los que viven descuidados. Pero, cuando ven que los cristianos estamos divididos no creen nuestro testimonio. El Espíritu Santo es agraviado; y hay poco poder en nosotros porque no hay unidad.

Si yo supiera que había una gota de sectarismo en mis venas, me sangraría hoy, antes de ir a la cama; si hubiera un pelo sectario en mi cabeza, me lo arrancaría al instante. Pongamos nuestro corazón afinado al de Jesucristo; entonces nuestras oraciones serán aceptables ante Dios y habrá lluvias de bendiciones que descenderán del cielo.

La unión

Que desaparezcan los nombres de partidos,
Entre los redimidos;
De aquellos que dicen pertenecer a Cristo;
Si es que son de El.
Como hay sólo un Señor y una sola Cabeza
Hay sólo un corazón;
Hemos de cantar juntos sólo una salvación,
Y formar parte de ella.

Tan sólo un pan, una sola familia y una roca;
Un edificio único, de amor;
Un solo aprisco, un Pastor, una grey sola,
Como será en el cielo.
¡Esto quiere el Señor!

J. IRONS

8

LA FE

Un nuevo elemento es la fe. Es tan importante para nosotros saber orar como lo es saber trabajar. No se nos dice que Jesús enseñara a predicar a sus discípulos, pero sí que les enseñó a orar. Quería que tuvieran poder de Dios; con ello sabía que tendrían poder con los hombres. En Santiago leemos: «Si alguno tiene falta de sabiduría, que la pida a Dios... y le será dada, pero pida con fe, no dudando nada.» De modo que la fe es la llave de oro que abre los tesoros de los cielos. Fue el escudo que se puso David cuando plantó cara a Goliat, en el campo de batalla; creyó que Dios le entregaría al filisteo. Algunos han dicho que con la fe se podía hacer seguir a Cristo por todas partes: dondequiera que la hallara, El le hacía honor. La incredulidad ve algo en la mano de Dios y dice: «No puedo alcanzarlo.» La fe lo ve y dice: «Ya lo tengo.»

La nueva vida empieza con fe; entonces, tenemos sólo que seguir edificando sobre este fundamento. «Os digo, que todo lo que deseáis, cuando oréis, creed que lo estáis recibiendo y lo tendréis.» Pero, recordad que hemos de creer de veras cuando vamos a Dios.

No sé de ninguna ilustración más vívida del grito angustiado que pide socorro a Dios, al hacerse cargo de la profunda necesidad de ayuda que la siguiente historia.

Carl Steinman, que visitó el monte Hecla, en Islandia, durante la gran erupción, en 1845, después que el volcán había estado durmiendo ochenta años, se aventuró en el cráter humeante, desoyendo los ruegos insistentes de su guía. Al borde del abismo fue echado al suelo por una convulsión de la montaña, y se sostuvo por unos mazacotes de lava sobre los que pudo poner el pie. Describe la escena de modo gráfico:

«¡Qué horroroso fue el comprender mi situación! Allí estaba, en la misma boca del abismo negro y ardiente, prácticamente suspendido, impotente, pero consciente, un prisionero, e iba a ser tragado por aquella garganta pavorosa, a la primera convulsión.

»"¡Socorro, socorro!", grité en mi agonía, "¡por amor de Dios, socorro!"

»No podía esperar ayuda de nada ni nadie, sino del cielo; había orado a Dios antes, pero, nunca como en aquel momento; lo hice por el perdón de mis pecados, que no me siguieran hasta el Juicio.

»De repente oí un grito, miré alrededor y contemplé, con sentimientos indescriptibles, a mi fiel guía, que asomaba por el reborde del cráter y se apresuraba a descender por la ladera para ayudarme.

»"¡Ya se lo dije!", me gritó.

»"¡Ya lo sé, pero ahora sálveme, estoy perdido!"

»"¡Lo intentaré, lo haré, o pereceremos los dos!"

»La tierra temblaba, las rocas crujiendo se partían y se hundían en el cráter retumbando. Yo me incliné hacia atrás; agarré la mano del guía, y él, de un tirón me arrancó hacia arriba. Los dos estábamos sobre roca, ahora. Yo estaba libre, pero todavía al borde del cráter.»

El obispo Hall, en un conocido resumen, hace resaltar la importancia de la seriedad y sinceridad en relación con la oración de fe.

«Si al disparar una flecha tiramos de la cuerda del arco sólo un poco, la flecha no irá muy lejos; pero si tiramos de ella hasta la punta, la flecha sale rauda y penetra en el blanco. Lo mismo la oración, si la musitan labios soñolientos, se cae a los pies. Si es lanzada por un deseo ferviente, va a parar al cielo, atravesando las nubes. No es la aritmética de nuestras oraciones, lo que vale, o sea, cuántas decimos; ni la retórica de nuestras oraciones, cuán elocuentes son; ni la geométrica de nuestras oraciones, lo largas que son; ni la música de nuestras oraciones, lo dulce de nuestra voz; ni la lógica de nuestras oraciones, lo bien trabado de sus puntos; ni el método de nuestras oraciones, lo bien organizadas que están; ni aun la teología de nuestras oraciones, lo buena que es la doctrina en que se basan; de todo esto Dios se preocupa poco. Ni tampoco mira si las rodillas del que ora tienen callos, como se dice de Santiago, lo cual demostraba su asiduidad en la oración. Ni de Bartolomé, que se dice dijo cien oraciones por la mañana y cien más por la noche, y ninguna sirvió para nada. Lo que cuenta es el fervor del espíritu.»

El arzobispo Leighton dijo: «No es el papel con cantos dorados ni la caligrafía de la petición lo que hace el peso ante el rey, sino el sentido de la petición. Y al rey que discierne el corazón, el sentido del corazón es lo que mira. Escucha para captar el sentido, del que habla, y todo lo demás es como si fuera silencio. Toda otra excelencia en la oración no es sino cubierta y envoltura. Lo otro es la vida.»

Brooks dice: «Del mismo modo que un fuego pintado no es un fuego, un cadáver no es un hombre, la oración fría, no es oración. El fuego pintado no tiene calor, el cadáver no tiene vida; la oración fría no tiene poder, devoción ni bendición. Las oraciones frías son como saetas sin punta, espadas sin filo, pájaros sin alas; no penetran, no cortan, no vuelan. Las oraciones frías siempre se hielan antes de llegar al cielo. ¡Oh, que los cristianos se pusieran en un estado de espíritu mejor y más cálido cuando hicieran sus súplicas al Señor!»

Miremos a la mujer sirofenicia (Marcos 7:24-30). Cuando llamó al Maestro, parecía que éste estaba sordo. Los discípulos querían que ella se marchara. Aunque estaban con Cristo desde hacía tres años, y se sentaban a sus pies, todavía no sabían cuán lleno de gracia era su corazón. Pensemos si Cristo habría echado a un pobre pecador, que fuera a El a pedir misericordia. ¡Podemos concebir algo así! Nunca ocurrió una cosa semejante. Esta pobre mujer se puso en la posición de su hijo. «¡Señor, socorro!», le gritó. Creo que cuando hemos ido hasta este punto en nuestro sincero deseo de que nuestros amigos reciban bendición —cuando nos ponemos nosotros en su lugar— Dios va a contestar pronto nuestra oración.

TENIENDO FE POR OTROS

Recuerdo que, en una reunión, hace ya algunos años, pedí a todos los que quisieran que se orara por ellos, que se presentaran ante el púlpito y se arrodillaran o se sentaran en las primeras filas. Entre los que acudieron había una mujer. Yo tenía la impresión por su aspecto que aquella mujer debía ser cristiana, pero se arrodilló también con los demás. Le pregunté: «¿Usted es cristiana, no?»

«Lo soy desde hace muchos años», me contestó.

«Entonces, ¿entendió bien la invitación? Pedí que vinieran los que querían hacerse cristianos.»

Nunca olvidaré su mirada cuando me contestó: «Tengo un hijo que se marchó de casa y está muy apartado de Dios; pensé que podía tomar su lugar y ver si Dios le bendecía.»

¡Gracias a Dios por madres así!

La mujer sirofenicia hizo lo mismo: «¡Señor, socórreme!» Esta fue una oración muy corta, pero fue directa al corazón del Hijo de Dios. El puso a prueba su fe, sin embargo. Le dijo: «No está bien que quite el pan de los hijos y lo eche a los perrillos.» Ella replicó: «Cierto, Señor, pero también los perrillos debajo de la mesa comen las migajas de los ricos.» «¡Oh, mujer, grande es tu fe!» Qué elogio por parte de Jesús. Su historia no ha sido olvidada y no lo será en tanto que exista la iglesia sobre la tierra. Jesús honró su fe, y le concedió lo que pedía. Todos podemos decir: «¡Señor, socórreme!» Todos necesitamos ayuda. Como cristianos necesitamos más gracia, más amor, más pureza de vida, más justicia. Hagamos pues esta oración hoy. Quiero que Dios me ayude a predicar mejor, a vivir mejor, a ser más como el Hijo de Dios. Las cadenas de oro de la fe nos unen al trono de Dios, y la gracia del cielo fluye a nuestras almas.

La mujer era pecadora, pero el Señor la escuchó. Es posible que tú, hasta este momento, hayas estado viviendo en pecado; pero si clamas: «¡Señor, socórreme!» El contestará tu oración, si es sincera. Con frecuencia oramos pero nuestra oración no significa nada. Las madres entienden esto. Los niños es como si tuvieran dos voces. Cuando piden algo, la madre puede decir pronto si sus gritos o lloros son de veras o no hay que hacer caso. Si es esto último, la madre no hace caso; pero, si pide auxilio de veras, ¡responde prestamente! Cuando está en dificultades

se le saca de apuros. Si el niño está jugando y dice:
«¡Mamá, quiero un poco de pan!» pero sigue jugando, sabemos que no tiene mucha hambre y se le deja en paz. Pero cuando lo deja todo, incluso los juguetes y viene a tirar del vestido: «¡Mamá, tengo hambre!», entonces va en serio y se le da algo de comer. Cuando lo necesitamos de veras tendremos pan del cielo. Esta mujer se hallaba muy afligida; por lo que su petición recibió respuesta.

Recuerdo haber oído de un muchacho, criado en un orfanato en Inglaterra, el cual no sabía leer ni escribir, aunque podía distinguir las letras del abecedario. Un día un varón de Dios fue al orfanato y les dijo a los niños que si oraran a Dios en sus dificultades Él les daría ayuda. Después de un tiempo, este muchacho fue puesto de aprendiz o mozo en una granja. Un día estaba en el campo, vigilando unas ovejas, y tuvo dificultades con ellas. Recordó lo que le había dicho el predicador y decidió orar. Se fue junto a la cerca a la vera del camino y se puso a orar. Alguien que pasó le vio y oyó su oración, decía: «A, B, C, D», y así sucesivamente. Cuando el hombre le preguntó qué significaba aquello, el muchacho contestó que estaba orando: «Un señor vino a vernos en el orfanato, y nos dijo que Dios nos ayudará si oramos. Como yo no sé orar, he pensado que si digo las letras del abecedario, el Señor, con ellas hará las palabras y sabrá lo que necesito.» Es indudable que la plegaria salía del corazón, y este lenguaje Dios lo entiende, como la madre entiende al niño que llora. El diablo trata de hacernos creer que no sabemos orar. El lenguaje que Dios escucha no es el de la elocuencia, sino el que sale de un corazón agobiado. «¡Señor, ayúdame!», gritó la mujer cananea. Al poco llegó la bendición.

HAS DE ESPERAR RECIBIR RESPUESTA
CUANDO ORAS

Hemos de esperar recibir bendición cuando pedimos. Cuando el centurión quiso que Cristo curara a su siervo, consideró que él no era digno de que el Maestro fuera a su casa para curar al criado: «Solamente dilo de palabra y quedará sano mi criado.» Jesús dijo a los judíos: «Ni aun en Israel he hallado tanta fe.» Se maravilló de la fe del centurión; curó al criado allí mismo (Mateo 8:5-13). La fe procuró la respuesta.

En Juan leemos del hombre cuyo hijo estaba enfermo. El padre cayó de rodillas ante el Maestro y dijo: «Ven, antes que mi hijo muera.» Aquí tenemos la sinceridad y la fe; el Señor contestó esta oración al momento. El hijo del noble empezó a mejorar a partir de aquel instante. Cristo honró la fe del hombre.

En este caso no podía fiarse de nada más que de la promesa de Cristo, pero bastó. Recordemos siempre que el objeto de la fe no es la criatura, sino el Creador; no es el instrumento, sino la mano del que lo maneja.

Richard Sibbes presenta este punto de la siguiente manera: «El objeto de la fe es Dios, y Cristo como Mediador. Tenemos a los dos en qué fundar nuestra fe. No podemos creer en Dios, a menos que creamos en Cristo. Porque Dios tiene que ser satisfecho por Dios; y por El tiene que ser aplicada la satisfacción —el Espíritu de Dios— por medio de la fe que El activa en el corazón, y levanta cuando está abatida. Todo es sobrenatural en la fe. Las cosas que creemos están por encima de la naturaleza; las promesas están por encima de la naturaleza; el que la promueve, el Espíritu Santo, por encima de la naturaleza: todo cuanto se refiere a la fe está por encima de la naturaleza. Tiene que haber un Dios en quien creamos, y un Dios por medio del cual podamos conocer que Cristo es Dios, no sólo por lo que Cristo ha hecho los milagros que nadie podía hacer, sino Dios, sino también por la forma en que nos dirigimos o hacemos a El. Y dos son las cosas que se le hacen, que demuestran que El es Dios: a saber, la fe y la oración. Hemos de creer sólo en Dios y orar sólo a Dios y vemos que Cristo es el objeto de los dos. En este incidente del noble, Cristo se nos presenta como el objeto de la fe; y en el caso de Esteban se presenta como objeto de la oración: "Señor Jesús, recibe mi espíritu." Y por tanto, El es Dios; porque se le hace a El lo que es propio y peculiar sólo de Dios. ¡Oh, qué fundamento más firme, qué base para nuestra fe! Hay el Dios Padre, el Hijo y el Espíritu Santo, y Cristo es el Mediador. Para que nuestra fe esté bien apoyada, podemos creer en Aquel que fundó los cielos y la tierra.

»No hay nada que pueda interponerse en el camino del cumplimiento de cualquiera de las promesas de Dios, pero han de ser conquistadas por la fe.»

Como dice Samuel Rutherford, comentando sobre el caso de la mujer sirofenicia: «Contemplemos el dulce uso de la fe cuando arrecia la tentación; la fe está en tratos con Cristo y el cielo está a oscuras, todo se basa en la confianza, sin que haya ninguna seguridad de que la aurora aparezca: "Bienaventurados los que no habiendo visto, sin embargo, creen." Y la razón es que la fe tiene músculos y huesos de decisión y valor espirituales, para mantener las puertas cerradas contra el infierno, sí, para hacer frente a imposibilidades; y aquí tenemos a una mujer débil, un creyente, en frente de aquel que es el "Todopoderoso, el Padre de los Siglos, el Príncipe de Paz." La fe está allí firme, venciendo la espada, al mundo y a todas las aflicciones. Esta es nuestra victoria, por la cual el hombre vence el grande y vasto mundo.»

El obispo Ryle ha dicho que la intercesión de Cristo es la base y garantía de nuestra fe. «El cheque que carece de firma al pie es un pedazo de papel sin valor. La firma le confiere todo su valor. La oración de un hijo de Adán es algo endeble en sí, pero una vez firmada por la mano de Jesús vale mucho. Había un funcionario en la ciudad de Roma que tenía la obligación de abrir sus puertas a todo ciudadano que llamara a ellas pidiendo socorro. Lo mismo podemos decir del oído del Señor Jesús que está siempre abierto para escuchar el clamor de los que necesitan gracia y misericordia. Este es su oficio: ayudarnos. La oración es su mayor deleite. Lector piénsalo bien. ¿No te anima esto a orar?»

Cerremos este capítulo refiriéndonos a algunas palabras del mismo Señor respecto a la fe en relación con la oración:

«Y al ver una higuera cerca del camino, se fue hacia ella, y no halló en ella sino hojas solamente y le dijo: "Nunca jamás nazca de ti fruto." Y al instante se secó la higuera. Al ver esto los discípulos, decían asombrados: "¿Cómo es que se secó en seguida la higuera?" Respondiendo Jesús, les dijo: "De cierto os digo, si tenéis fe, y no dudáis, no sólo haréis esto de la higuera, sino que si decís a este monte: 'Quítate de ahí y échate en el mar'; será hecho. Y todo lo que pidáis en oración, creyendo, lo recibiréis"» (Mateo 21:19-22).

Y de nuevo dijo nuestro Señor: «De cierto, de cierto os digo: El que cree en Mí, las obras que Yo hago, también él las hará; y aún hará mayores que estas, porque Yo voy al Padre. Y cualquier cosa que pidáis al Padre en mi nombre, la haré, para que el Padre sea glorificado en el Hijo. Si me pedís algo en mi nombre, yo lo haré» (Juan 14:12-14). Y luego: «Si permanecéis en Mí, y mis palabras permanecen en vosotros, pedid todo lo que queráis, y os será hecho» (Juan 15:7). Y más adelante: «En aquel día no me preguntareis nada. De cierto, de cierto os digo, que todo cuanto pidáis al Padre en mi nombre, os lo dará. Hasta ahora, nada habéis pedido en mi nombre; pedid y recibiréis, para que vuestro gozo esté completo» (Juan 16:23, 24).

Ten fe en Dios

Ten fe en Dios, porque El, que reina en lo alto,
Conoce bien tu pena, y ha probado las lágrimas;
Puedes en su regazo encontrar cobijo,
          ¡Ten, pues, fe en Dios!

No temas invocarle, ¡alma apenada y triste!
Confíale tus penas, que bendición recibe
El que en su dulce pecho frecuente se reclina.
          ¡Ten, pues, fe en Dios!

No apagues en cisternas tu sed, ni tampoco tu mano
se apoye en caña endeble, sino en firme cayado.
Y aunque el mundo, o el hombre, o Satán te atemoricen,
          ¡Tú, ten fe en Dios!

Ve a El por todo. Ve a El con tus sollozos,
y recibirás paz, fuerza, valor, consuelo.
El dio por ti su vida. Vive, ahora, por ti.
          ¡Ten, pues, fe en Dios!

A. Shipton

9

PETICION

El próximo elemento de la oración es la petición. Cuántas veces vamos a las reuniones de oración sin pedir realmente nada. Nuestras oraciones van circunvalando el mundo, sin pedir nada concreto. No esperamos nada. Muchos se quedarían asombrados si recibieran respuesta a sus oraciones. Recuerdo haber oído de un hombre muy elocuente que estaba dirigiendo una reunión en oración. No hacía ninguna plegaria concreta, pero iba de un sitio a otro. Finalmente, una viejecita exclamó: «En resumidas cuentas, ¡pídale algo, lo que sea!» ¡Cuántas veces oímos oraciones en las que no se pide nada! «Pedid y recibiréis.»

Creo que si apartamos toda clase de piedras de tropiezo del camino, Dios contestará nuestras peticiones. Si apartamos el pecado y acudimos a su presencia con las manos puras, tal como El nos manda, nuestras oraciones tendrán poder ante Dios. En el Evangelio de Lucas tenemos un gran suplemento a la oración del Padrenuestro: «Pedid y se os dará; buscad y hallaréis; llamad y se os abrirá.» Algunos creen que Dios no quiere que estemos siempre estorbándole con nuestras peticiones constantes. La manera segura de molestar a Dios es no pedirle nada. El nos alienta a que vayamos a El repetidamente, y que presentemos nuestras solicitudes.

Creo que se pueden hallar tres clases de creyentes en las iglesias hoy: los primeros son los que piden; los segundos los que buscan; los terceros los que llaman.

«Maestro», preguntó un muchacho inteligente y sincero. «¿Por qué hay tantas oraciones no contestadas? No lo entiendo. La Biblia dice: "Pedid y se os dará; buscad y hallaréis, llamad y se os abrirá." Me parece que hay muchos que llaman y no se les deja entrar.»

«¿Has estado alguna vez sentado junto al fuego en una noche oscura y fría?», le contestó el maestro. «¿Y has oído que llamaban a la puerta? Cuando has ido a abrir la puerta, has mirado afuera, en la oscuridad, pero no había nadie y sólo has oído las pisadas furtivas de algún muchacho que había hecho una travesura llamando y ahora se escapaba corriendo? Nosotros hacemos lo mismo muchas veces. Pedimos una bendición, pero no esperamos nada; llamamos, pero no tenemos intención de entrar; tenemos miedo de que Jesús no nos escuchará, no cumplirá sus promesas, y por ello nos marchamos antes de que abran.»

«¡Ah, sí!, contestó el muchacho con los ojos brillantes al comprenderlo. «Jesús no va a contestar a los que llaman y echan a correr. Nunca lo ha prometido. O sea, que hay que llamar y seguir llamando hasta que El no puede por menos que abrir la puerta.»

Muchos llamamos a la puerta de la misericordia, y luego echamos a correr, en vez de esperar que se nos abra y se nos dé la respuesta. Obramos como si tuviéramos miedo de que se nos contestara la oración.

Hay mucha gente que ora de esta manera: no espera que se les dé respuesta. Nuestro Señor nos enseña aquí que no sólo hemos de pedir; sino que hemos de aguardar la respuesta; si no viene, hemos de procurar saber por qué. Creo que obtenemos muchas bendiciones sólo por el hecho de pedirlas; otras no las conseguimos porque hay algo en nuestra vida que debe ser aclarado. Cuando Daniel empezó a orar en Babilonia por la liberación de su pueblo, buscó para saber qué era lo que andaba mal, por qué causa Dios se había apartado de ellos. De la misma manera ha de haber algo en nuestras vidas que impide la bendición; si hay algo hemos de averiguarlo. Alguien hablando de este tema, ha dicho: «Hemos de pedir con la humildad de un mendigo, buscar con la diligencia de un siervo, y llamar con la confianza de un amigo.»

NO HAY QUE DESANIMARSE NUNCA

¡Cuántas veces la gente se desanima, y dicen que no saben si Dios contesta la oración o no! En la parábola de la viuda importuna, Cristo nos enseña que no sólo hemos de orar y buscar, sino hallar. Si el juez injusto oyó la petición de la pobre mujer que presentaba su reclamación, ¡cuánto más nos escuchará nuestro Padre celestial! Hace muchos años un irlandés fue condenado a la horca, en el Estado de Nueva Jersey. Se procuró ejercer toda clase de influencias y presiones sobre el gobernador del Estado, para que suspendiera temporalmente la ejecución, pero el hombre se mantuvo firme y no quiso alterar la orden. Una mañana la esposa del condenado y sus diez hijos fueron a ver al gobernador. Cuando entró en su oficina, todos se postraron en tierra rogándole que tuviera misericordia del esposo y padre. El gobernador se conmovió; dio orden de suspender la sentencia. La importunidad de la esposa y de los hijos salvó la vida del hombre, como la viuda de la parábola que, al insistir, consiguió que el juez injusto le concediera su petición.

Fue esto mismo lo que consiguió una respuesta para el ciego Bartimeo. La gente, y aun los discípulos querían hacerle callar, pero él siguió gritando más y más fuerte: «Hijo de David, ¡ten misericordia de mí!»

La oración raramente se menciona sola en la Biblia; es oración y diligencia; oración y vigilancia; oración y acción de gracias. Es un hecho instructivo que en toda la Biblia siempre va unido a algo más. Bartimeo fue insistente, y el Señor oyó su clamor.

El tipo más alto de cristiano es el que ha ido más allá de pedir y buscar, y sigue llamando para recibir una respuesta. Si llamamos, Dios ha prometido que nos abrirá la puerta y concederá nuestra petición. Puede que tarde años en hacerlo; puede tenernos tiempo llamando; pero El ha prometido que la respuesta vendrá.

Voy a deciros lo que creo que significa llamar. Hace unos años, cuando teníamos reuniones en cierta ciudad, llegamos al punto en que nos pareció que teníamos muy poco poder. Llamamos a todas las madres y les pedimos que se reunieran para orar por sus hijos. Acudieron unas mil quinientas, y derramaron sus corazones a Dios en oración. Una madre dijo: «Quiero que oréis por mis dos hijos. Se emborrachan constantemente; esto me parte el corazón.» Era una viuda. Unas pocas madres se juntaron y dijeron: «Tengamos una reunión de oración para estos dos jóvenes.» Oraron a Dios, en favor de estos dos muchachos, y ahora veremos de qué forma Dios contestó su oración.

Aquel día los dos hermanos habían planeado encontrarse en la esquina de la calle en que celebrábamos nuestras reuniones. Iban a pasar la noche en vicio y pecado. Hacia las siete llegó el primero al lugar acordado; vio a la gente entrando en la reunión. Era una noche tormentosa, y pensó que podía entrar un ratito. La palabra de Dios le alcanzó, y se dirigió a la sala de penitentes donde entregó su corazón al Salvador.

El otro hermano se estuvo en la esquina hasta que terminó la reunión, esperando que llegara su hermano; no sabía que éste estaba en la reunión. Había una reunión para jóvenes en otra iglesia cercana, y este otro hermano pensó que mientras esperaba podía ir a ver que hacían allí, así que siguió a los que entraban para la reunión. El también quedó impresionado con lo que oyó, y entró el primero en la sala de penitentes, donde halló la paz. Mientras esto ocurría, el primero había ido a dar las buenas noticias a su madre para alegrarle el corazón. La halló de rodillas. Ella había estado llamando al propiciatorio. Mientras lo hacía el muchacho entró y le dijo que sus oraciones habían sido contestadas; que su alma era salvada. No tardó en llegar el otro hermano y contó su historia, cómo él también había sido bendecido.

El siguiente lunes por la noche, el primero que se levantó en la reunión de recién convertidos fue uno de los muchachos, que contó la historia de su conversión. Cuando hubo terminado, se levantó el otro hermano y dijo: «Todo lo que él ha dicho es verdad y yo soy su hermano. El Señor nos han bendecido de veras.»

Oí de una señora en Inglaterra cuyo marido no era convertido que decidió que oraría cada día, durante doce meses, por la conversión del esposo. Cada día a las doce iba a su cuarto sola y oraba a Dios. Su marido no le permitía hablar de este tema; así que sólo podía hablar de ello a Dios. (Esto puede ocurrir a otros; un amigo o una amiga que no quiere que se le mencione el tema de su conversión: siempre se puede orar a Dios). Pasaron los doce meses y no hubo señal alguna de conversión. Resolvió orar seis meses más; de modo que siguió orando cada día por la conversión de su marido. Pero transcurrieron los seis meses sin respuesta. Entonces se preguntó si tenía que abandonar. «¡No!», se dijo. «Oraré mientras tenga resuello.» Aquel mismo día cuando el esposo llegó a casa para comer, en vez de entrar en el comedor como era costumbre suya se fue directamente al dormitorio. Ella estuvo esperando largo rato, pero no bajaba. Finalmente subió al dormitorio y lo halló de rodillas clamando a Dios que tuviera misericordia de él. Dios le había redargüido de pecado; no sólo se hizo cristiano, sino que la Palabra de Dios tuvo curso libre en aquel hombre y Dios fue glorificado en su persona. Dios le usó con gran poder. Esta fue la respuesta a la oración de la esposa cristiana: llamó, y siguió llamando, hasta que recibió respuesta.

NO TE DESANIMES - DIOS ES FIEL

Oí algo, hace unos días, que me animó en gran manera. Se había orado por un hombre durante cuarenta años, pero no había señal alguna de respuesta. Parecía que ya tenía el pie en la tumba, uno de los hombres más pagados de sí mismos en toda la faz de la tierra. Una noche llegó la convicción de pecado. Por la mañana envió a buscar a los miembros de su familia y dijo a su hija: «Quiero que ores por mí. Pide a Dios que me perdone los pecados; toda

mi vida no ha sido más que pecado y más pecado.»
Y esta convicción llegó en una noche. Lo esencial es
que presentemos con insistencia nuestro caso ante el
trono de Dios. Con frecuencia he conocido casos de
personas que vinieron a nuestras reuniones, y aunque
no podían oír una palabra de lo que se decía, parece como si un poder invisible los agarrara, de modo
que fueron redargüidos de pecado y se convirtieron
allí mismo.

Recuerdo que en un lugar en que estábamos celebrando reuniones, vino una señora a la primera reunión, pidiéndome que hablara con su marido. «No
está interesado», me dijo, «pero tengo esperanzas de
que se interesará». Hablé con él, y dudo que haya
hablado con otra persona que me pareciera tan sa-
tisfecha de sí misma. Me dio la impresión como si
hubiera estado hablando a un farol o a un poste. Le
dije a la esposa que el marido no estaba interesado
en absoluto. Su contestación fue: «Ya se lo dije que
él no estaba interesado, pero yo sí.» En todos los
treinta días que estuvimos allí, la esposa nunca ce-
dió. He de admitir que aquella mujer tenía diez veces más fe por él que yo. Yo le hablé al esposo varias veces, pero no veía un solo rayo de esperanza.
Llegó la antepenúltima noche y el hombre vino a verme y me dijo: «¿Podríamos hablar en otra habitación?» Fui a otra sala con él y le pregunté qué deseaba. El hombre me dijo: «Soy el mayor pecador del
estado de Vermont.»

«¡Qué me dice!», le contesté. «¿Hay algún pecado
en particular del que sea culpable?» Yo pensé, a la
verdad, que había cometido algún crimen espantoso,
que lo había disimulado, y que ahora quería confesarlo.

«Toda mi vida ha sido pecado, nada más que pecado. Dios me lo ha mostrado hoy.»

Pidió al Señor que tuviera misericordia de él, y se

fue a su casa gozoso con la seguridad de que sus pecados habían sido perdonados. Aquí había un hombre convicto y convertido como respuesta a la oración. De modo que si estás ansioso por la conversión de algún pariente, algún amigo, toma la decisión de que no cederás, día ni noche, hasta que El te conceda tu petición. El puede alcanzarle, donde quiera que esté, en su lugar de negocios, en su hogar, en cualquier parte, y hacerle doblar las rodillas.

El doctor Austin Phelps, en su «Hora Quieta», dice: «La perspectiva de obtener un objeto tomará siempre la forma de expresión de un deseo intenso. El sentimiento que aparecerá de modo espontáneo en un cristiano bajo la influencia de una confianza así podrá expresarse del siguiente modo: «¡Señor, vengo a mis devociones esta mañana con un encargo de veras, algo de la vida real. No se trata de un coloquio de amor, ni de una farsa. No vengo aquí a pulimentar palabras, no tengo ningún deseo inefable. Tengo un objeto claro a obtener, un objetivo que realizar. Es un asunto de negocios del que vengo a ocuparme. El astrónomo que hace girar su telescopio apuntando al firmamento no tiene una esperanza más razonable de penetrar los cielos distantes de la que yo tengo de alcanzar tu mente oh Dios, elevando mi corazón al trono de tu gracia. Este es el privilegio de mi vocación en ti por Cristo Jesús. Incluso mi voz insegura es ahora oída en el cielo; y es para poner en marcha allí un proceso, cuyos resultados sólo Tú puedes conocer, y sólo la eternidad puede desarrollar. ¡Por tanto, Señor, tu siervo siente en su corazón la necesidad de presentarte esta oración a Ti!»

Jeremy Taylor dice: «La facilidad en el deseo es un gran enemigo para el triunfo de la oración del hombre bueno. La oración ha de ser intencionada, llena de celo, compacta, operante; porque considera cuán indecente es que un hombre se atreva a hablar a Dios de cosas que ni a él le interesan. Nuestras oraciones reprenden a nuestro espíritu cuando pedimos tibiamente cosas por las que deberíamos estar ansiosos, que son más preciosas que cetros imperiales, más ricas que los despojos del mar y que los tesoros fabulosos de las montañas de la India.»

El doctor Patton, en su obra sobre «Respuestas notables a la oración», dice: «Jesús nos manda que busquemos. Imaginémonos una madre que busca a su hijo perdido. Busca por toda la casa, por las calles, campos y bosques, la ribera del río. Un vecino entendido la encuentra y le dice: «Busca, busca por todas partes, cualquier rincón accesible. No vas a encontrar nada, es verdad, pero el buscar es bueno; pues concentra la atención, enfoca el alma, ayuda a la observación, hace real, muy real la idea del niño. Y después, al poco, ya cesarás de buscar a tu hijo.» Las palabras de Cristo son: «Llamad y se os abrirá.» Imaginémonos un hombre que llama a una puerta con recios aldabonazos. Después de haberlo hecho durante una hora, se abre la ventana y sale el que vive allí y dice: «Es una buena idea, amigo; no voy a abrir la puerta, pero sigue llamando, es un ejercicio excelente y mejorará tu salud. Llama hasta el atardecer, y luego vuelve, mañana todo el día. Después de varios días así llegarás a un estado mental en que ya no te importará entrar.» ¿Es esto lo que quería decir Jesús cuando dijo: «Pedir y se os abrirá; buscad y hallaréis; llamad y se os abrirá?» Yo creo que si fuera así pronto dejaríamos de pedir, de buscar y de llamar, pero sería de asco.

No hay nada más agradable a nuestro Padre que está en los cielos que la oración perseverante, directa, importuna. Había dos señoras cristianas cuyos maridos eran inconvertidos, y pensando en su gran peligro se pusieron de acuerdo en pasar una hora cada día en oración unida para su salvación. Esto siguió durante siete años, y entonces debatieron si tenían que seguir orando, o era inútil persistir. Decidieron perseverar hasta la muerte, y si sus maridos se perdían, serían cargados de oración. Con renovado esfuerzo siguieron orando durante tres años más, cuando uno de ellos se despertó una noche abrumado por el sentimiento de pecado. Tan pronto como se hizo de día, ella se apresuró, llena de gozo para ir a contarle a su compañera, que Dios había contestado su oración. ¡Pero, cuál fue su asombro, cuando vio a su amiga que se dirigía a su casa para darle un mensaje idéntico! Así, diez años de oración unida y perseverante fueron coronados por la conversión de ambos esposos en un mismo día.

No es posible hacer peticiones con frecuencia excesiva; Dios no se cansa de las oraciones de sus hijos. Sir Walter Raleigh pidió una vez más un favor a la reina Isabel a lo que ella contestó: «Raleigh, ¿cuándo vas a dejar de mendigar?»

«Cuando vuestra Majestad deje de dar», fue la respuesta. Así que hemos de seguir orando.

Mr. George Müller, en un mensaje que dio recientemente en Calcuta, dijo que en 1844, había puesto en su corazón el orar por cinco individuos. Al cabo de dieciocho meses se convirtió el primero. El segundo no se convirtió hasta los cinco años. El tercer a los doce años. Y ahora, hacía cuarenta años que había venido orando por los otros dos, sin faltar un solo día, por ninguna razón o excusa, pero, todavía no se había convertido. Estaba animado, sin embargo para continuar en la oración, y seguro de que recibirá una respuesta con relación a los dos que todavía estaban resistiendo al Espíritu.

Viendo su rostro

Preciosa es la oración, dulce y sabrosa;
Inclinarse ante el trono de gracia;
y allí depositar todas las cargas,
Obtener nuevo aliento en la carrera;
vestirse la armadura de la fe,
Y depender tan sólo del Señor.

Cuando la carga abruma la conciencia,
oír, suave, un murmullo de amor
que aleja toda nube de temor,
y nos indica la sangre de Cristo;
Cuán grato y tierno es el recordarnos
Que su justicia está envuelta en su gracia

¡Pero, oh, el ver el rostro de Jesús!
El verme libre de pecado y pena.
Sentir mi rostro reclinado en su pecho
¡Esto es más dulce aún, y mucho más!
Toda felicidad aquí en la tierra
¡Es como nada comparada a esto!

Autor desconocido

10

SUMISION

Otro elemento esencial de la oración es la sumisión. Toda verdadera oración ha de ser sometida en plena sumisión a Dios. Después que hemos hecho nuestra petición, tenemos que decir: «Sea hecha tu voluntad.» Mil veces hemos de preferir que se haga la voluntad de Dios antes que la nuestra. Yo no puedo ver en el futuro, mientras que Dios puede; por tanto, es mucho mejor que El escoja para mí que no que lo haga yo mismo. Yo sé lo que El quiere de mí en cuanto a lo espiritual. Su voluntad es mi santificación; de modo que puedo con confianza rogar a Dios por esto, y puedo esperar una respuesta a mis oraciones; pero en lo que se refiere a cosas de orden temporal, es distinto; lo que pido puede que no sea el propósito de Dios respecto a mí.

Como alguien ha dicho: «Puedes estar convencido de esto: la oración no significa que yo he de hacer descender a Dios al nivel de mis pensamientos y planes, y que El doblegue su gobierno según mis ideas tontas y superficiales y aún a veces pecaminosas. La oración significa que yo me he de elevar en

sentimiento al unísono en los designios de El; que
he de entrar en su consejo, y ejecutar sus propósitos
plenamente. Me temo que a veces pensamos en la
oración con un carácter completamente opuesto,
como si con ella persuadiéramos o influenciáramos
a nuestro Padre celestial a hacer todo lo que hay
en nuestra mente, lo que realizarían nuestros propósitos miopes. Estoy convencido de esto, que Dios
sabe mejor lo que me conviene que yo, y lo que conviene al mundo; y aunque estuviera en mi poder el
decir: «Sea hecha mi voluntad», preferiría decir:
«Hágase tu voluntad.»

Se dice de una mujer que, estando enferma, se
le preguntó si preferiría vivir o morir, a lo que contestó: «Sea lo que Dios quiera.»

«Pero», insistió uno, «si Dios pusiera la decisión
en tu mano, ¿que escogerías?»

«De veras que se lo preguntaría para que me dijera cuál sería mejor.»

El hombre que ha sometido su voluntad a Dios
puede hacer siempre la voluntad de Dios.

Mr. Spurgeon hizo notar sobre este tema: «El creyente recurre a Dios en todo momento, para mantener su comunión con la mente divina. La oración no
es un monólogo, sino un diálogo; no es una intros-
pección, sino un mirar hacia los montes, de donde
va a venir nuestro socorro. Hay alivio y descanso
para la mente cuando hablamos con un amigo que
simpatiza, y la fe siente esto en abundancia; pero
hay mucho más que todo esto en la oración. Cuando
por nuestra parte hemos sido obedientes hasta el
final, y con todo, lo que necesitábamos no ha llegado,
esperamos que la mano de Dios vaya más allá, del
mismo modo que antes confiábamos que iría con nosotros. Pero la fe no tiene deseo de conseguir su propia voluntad, cuando esta voluntad no está de acuerdo con la mente divina; porque este deseo sería, en

el fondo, un impulso de falta de fe, que no se basaría en el juicio de Dios como nuestro mejor guía. La fe sabe que la voluntad de Dios es el sumo bien, y que todo cuanto es beneficioso para nosotros nos será concedido si lo pedimos.»

La historia nos informa que los tusculanos, un pueblo de Italia, habían ofendido a los romanos, cuyo poder era inmensamente superior al suyo. Camilo, al frente de un considerable ejército, se dirigía a someterlos. Dándose cuenta que no podían resistir a un enemigo así los tusculanos trataron de ganarlos con métodos pacíficos. Decidieron renunciar a toda idea de resistencia, abrieron las puertas de la ciudad, y todas las personas dentro de las murallas siguieron dedicándose a sus negocios como si no ocurriera nada, resueltos a someterse cuando era insensato pensar en resistir. Camilo, entró en la ciudad y se maravilló de la prudencia e ingenuidad de su conducta y se dirigió a ellos en estos términos: «Vosotros, de entre todos los pueblos, habéis hallado el verdadero método de abatir el furor de Roma; y vuestra sumisión es a la vez vuestra mejor defensa. Ante estas condiciones, no podemos hallar en nuestro corazón intención de perjudicaros como no habríais podido vosotros, en otras condiciones, haber hallado modo de oponeros a nosotros.» El primer magistrado contestó: «Nos hemos arrepentido sinceramente de nuestra locura anterior, y confiando en la satisfacción de nuestro generoso enemigo, no tememos reconocer nuestra falta.»

ORA POR LA SUMISION PERSONAL

En vista de las dificultades de llevar nuestro corazón a esta completa sumisión a la voluntad divina, podemos adoptar la oración de Fenelón: «Oh, Dios, toma mi corazón, porque no puedo dártelo; y cuando lo tengas, guárdalo, porque no puedo guardarlo yo para ti; y sálvame a pesar de mí mismo.»

Algunos de los mejores hombres que ha habido en el mundo han hecho equivocaciones en este punto. Moisés podía orar por Israel, y podía prevalecer ante Dios; pero Dios no contestó la petición que él hizo para sí mismo. Moisés había pedido a Dios que le dejara ir al otro lado del Jordán, que le permitiera ver el Líbano; y después de cuarenta años de ir de un sitio a otro por el desierto, deseaba entrar en la Tierra de Promisión; pero el Señor no le concedió este deseo. ¿Era esto señal de que Dios no le amaba? De ningún modo. Era amado en gran manera por Dios, como Daniel; pero Dios no le concedió esta petición. Tu hijo dice: «Quiero esto o aquello», pero tú no se lo das, si sabes que lo que quiere va a perjudicarle en una forma u otra. Moisés deseaba entrar en la Tierra de Promisión; pero el Señor tenía otras ideas. Dios se lo llevó y El mismo le enterró, el mayor honor que se ha hecho a ningún hombre mortal.

Mil quinientos años después, Dios contestó la oración de Moisés: le permitió entrar en la Tierra de Promisión y le dio oportunidad de dar una mirada a la gloria venidera. En el Monte de la Transfiguración, Moisés con Elías, el gran profeta, y con Pedro, Jacobo y Juan, oyeron la voz que procedía del Trono: «Este es mi Hijo amado; a El oíd.» Esto fue mejor que cruzar el Jordán, como había hecho Josué, y poder vivir unos años en la tierra de Canaán. De modo que cuando nuestras oraciones por las cosas terrenales no son contestadas, sometámonos a la voluntad de Dios, y estemos seguros que todo irá mejor.

Cuando alguien inquirió de un muchacho sordomudo por qué razón creía él haber nacido sordomudo, tomando un pedazo de tiza escribió en una pizarra: «Padre, hágase tu voluntad.»

John Brown, de Haddington, dijo una vez: «No tengo duda de que he tenido tribulaciones como otros; pero Dios ha sido tan bueno conmigo, que creo que si me diera otros tantos años para vivir en el mundo, no cambiaría una sola circunstancia de mi vida pasada, excepto que desearía haber pecado menos. Podría escribirse en mi ataúd: "Aquí yace alguien que fue cuidado por la Providencia, que perdió pronto a su padre y a su madre, pero que nunca echó de menos el cuidado de uno u otro."»

Elías era poderoso en oración; trajo fuego del cielo sobre el sacrificio, y a su petición cayó lluvia sobre la tierra sedienta. Desafió sin temor al rey Acab con el poder de la oración. Pero luego le vemos debajo de un enebro como un cobarde, pidiendo a Dios que se lo lleve. El Señor le amaba demasiado para hacerlo: iba a llevárselo en un carro de fuego. De modo que no podemos permitir que el diablo saque ventaja de nosotros, y nos haga creer que Dios no nos ama, porque no nos ha concedido las peticiones que le hemos hecho en el momento y en la forma en que las deseábamos.

Moisés ocupa más espacio en el Antiguo Testamento que ningún otro personaje; lo mismo ocurre con Pablo en el Nuevo Testamento, excepto quizás, el mismo Señor Jesús. Sin embargo, Pablo no sabía que debía orar por sí mismo. Pidió a Dios que le quitara «la espina de la carne». Su petición no fue concedida; pero el Señor le concedió una mayor bendición. Le dio más gracia. Puede que se tratara de alguna prueba. Si no es la voluntad de Dios el quitarla, pidámosle que nos dé más gracia para que podamos sobrellevarla. Vemos que Pablo se gloriaba en sus reveses y en sus enfermedades, porque con ello había más poder de Dios en él. Es posible que algunos sintamos que todo está contra nosotros. Que Dios nos dé gracia para adoptar la posición de Pablo y decir: «Todas las cosas obran para bien a aquellos que aman a Dios.» De modo que cuando oremos a Dios ha de ser con sumisión y hemos de decir: «Hágase tu voluntad.»

En el Evangelio de Juan leemos: «Si permanecéis en Mí, y mis palabras permanecen en vosotros, pedid todo lo que queráis y os será hecho.» Esta última parte es citada con frecuencia, pero la primera no. ¿Por qué? Porque hay muy poco permanecer en Cristo en nuestros días. Vamos y le visitamos de vez en cuando: esto es todo. Si Cristo está en mi corazón, naturalmente no le voy a pedir nada que sea contra su voluntad. Y ¿cuántos hay que tengan la Palabra de Dios permaneciendo en ellos? Hemos de tener una garantía para nuestras oraciones. Si tenemos algún gran deseo, hemos de escudriñar las Escrituras para hallar si es recto y justo que se lo pidamos. Hay muchas cosas que queremos que no son buenas para nosotros; y muchas otras cosas que deseamos evitar, que son en realidad la mejor bendición. Un amigo mío una mañana se estaba afeitando y su hijo, de cuatro años, le pidió la navaja para hacer algo con ella. Como no la consiguió se puso a llorar como si se le partiera el corazón. Mucho me temo que muchos piden navajas en oración. John Bunyan bendijo a Dios por la prisión de Bedford más que por todo lo demás que le había acontecido en la vida. Nunca oramos pidiendo aflicción; y con todo, es lo mejor que podríamos pedir.

AFLICCIONES TRANSFORMADAS EN BENDICIONES

Dyer dice: «Las aflicciones son bendiciones para nosotros cuando podemos bendecir a Dios por las aflicciones. El sufrimiento ha evitado que muchos

110

pequen. Dios tuvo un Hijo sin pecado; pero no tuvo ninguno sin aflicción. Las tribulaciones de fuego hacen cristianos acrisolados; las aflicciones santificadas son progreso espiritual.»

Rutherford escribe con referencia al valor de la tribulación santificada y de la sabiduría de someterse a la voluntad de Dios en ella: «¡Oh, cuánto le debo a la lima y al martillo y a la fragua de mi Señor Jesús, que me ha dejado ver cuán sabroso es el trigo de Cristo, hecho pan para su mesa a través de su molino y su horno! La gracia probada es mejor que la gracia en sí; y es más que gracia: es gloria en sus comienzos. Y ahora veo que la piedad es más que lo externo y que los adornos y espejuelos del mundo. ¿Quién conoce la verdad de la gracia sin conocer la tribulación? ¡Oh, cuán poco obtiene Cristo de nosotros, sino es lo que consigue (por así decirlo) con mucho trabajo y sufrimiento! Y ¡cuán pronto se marchitaría la fe sin una cruz! ¡Cuántas cruces mudas han sido puestas sobre mis hombros, que no tenían lengua para contar de la dulzura de Cristo, y ésta la tiene! Cuando Cristo bendice sus cruces dándoles lengua, respiran el amor de Cristo, su sabiduría, ternura y cuidado para nosotros. ¿Por qué debería desobresaltarme si el arado de mi Señor está haciendo profundos surcos en mi alma? Sé que no es un labrador ocioso; El se propone recoger cosecha. ¡Oh, que este terreno yermo pueda ser hecho fértil para dar una abundante cosecha para El, que lo ha cultivado con tanto esmero, y que este barbecho sea roturado! ¿Por qué me sentí yo (¡un insensato!) agraviado por el hecho que El pusiera una guirnalda de rosas sobre mi cabeza, la gloria y el honor de ser un fiel testigo? Ahora ya no deseo hacer más rogativas ni peticiones a Cristo. En realidad El no me ha hecho perder nada por lo que sufro ahora; no me debe nada; por lo que sufro ahora; no me debe nada; porque mis cadenas son dulces y cómodas, pues sus pensamientos están conmigo, en los cuales hallo recompensa suficiente y premio! ¡Cuán ciegos son mis adversarios que me han enviado a la casa del banquete, a la bodega, al festín exquisito de mi amado Señor Jesús, y no a una cárcel o al destierro!»

Podemos cerrar nuestros comentarios sobre el tema con las palabras del profeta Jeremías, en Lamentaciones, que dicen: «Bueno es Jehová para los que en El esperan, para el alma que le busca. Bueno es esperar en silencio la salvación de Jehová. Bueno le es al hombre llevar al yugo desde su juventud. Que se siente solo y calle, porque es él quien se lo impuso; ponga su boca en el polvo, por si aún hay esperanza; dé la mejilla al que le hiere, y sea colmado de afrentas. Porque el Señor no desecha para siempre; sí aflige, también se compadece según la multitud de sus misericordias porque no humilla ni aflige por gusto a los hijos de los hombres... ¿Quién será aquel que haya hablado y las cosas sucedieron? ¿No es el Señor el que decide? ¿De la boca del Altísimo no sale lo malo y lo bueno? ¿Por qué se lamenta el hombre? ¡Que sea un valiente contra sus pecados! Escudriñemos nuestros caminos, y examinémoslos y volvámonos a Jehová; levantemos nuestros corazones sobre nuestras manos al Dios que está en los cielos» (Lamentaciones 3:25-33; 37-41).

Sumisión

Oyeme, oh Dios, y si mi labio osa
Murmurar de tu mano, enséñame
a sacar y echar fuera esta idea
y a doblar mi rebelde voluntad.
Y aunque ya derramé abundantes lágrimas
Por mis ídolos, un templo derruido,
Y Tú estás en él; purifícame ahora,
Y enséñame a decir: «¡Sea hecha sólo
Tu santa voluntad!»

¿Qué puedo yo traerte que sea mío?
Juventud de aflicción, sólo pecado.
¿Qué puedo colocar sobre tu altar?
¡Tan sólo la esperanza del perdón!
Cuando así suplicante a Ti me inclino
Todavía me atrevo a alzar los ojos
Y reclamar lo que Tú has prometido:
Que no rechazarás al corazón contrito.

¿Qué voy a darte? Mi abaeido espíritu,
Ya raído y deshecho, anhelando reposo,
anhelando tu paz, como un pájaro herido.
entre la tempestad busca su nido,
Tu propio sacrificio ¡el Cordero inmolado;
Te presento los méritos perfectos de tu Hijo
Me acojo a tus promesas; y confío
En Ti Señor. Tus heridas me sanan,
Tus golpes son de amor, la llaga es suave.
Haz, pues, Señor, tu voluntad en mí!

AUTOR DESCONOCIDO

11

ORACIONES CONTESTADAS

En el capítulo quince de Juan y en el versículo siete, encontramos quiénes son los que reciben contestación a sus oraciones: «Si permanecéis en Mí, y mis Palabras permanecen en vosotros, pedid lo que queráis y os será hecho.» Ahora bien, en el capítulo cuatro de Santiago, en el versículo tres, hallamos que algunos no reciben respuesta a sus oraciones: « Pedís, y no recibís, porque pedís mal.» Hay, pues, muchas oraciones no contestadas porque los motivos que las impulsaron no eran rectos; no habían cumplido, los que las hicieron, la Palabra de Dios. Es bueno que nuestras oraciones no sean contestadas cuando pedimos mal.

Si nuestras oraciones no son contestadas, es posible que hayamos orado sin un buen motivo; o que no hayamos orado según las Escrituras. Así que no desmayemos, aunque no recibamos respuesta a la oración en la forma que deseamos.

Un hombre fue una vez a George Muller y le dijo que quería que él orara en favor suyo pidiendo cierta cosa. El hombre afirmó que ya había pedido a Dios muchas veces que le concediera la petición, pero que Dios no había considerado oportuno concederla. Mr. Muller tomó un cuaderno suyo y le mostró en él, el nombre de una persona por la cual había estado orando desde hacía veinticuatro años. La oración, añadió Mr. Muller, no había sido contestada todavía; pero Dios le había dado la seguridad de que aquella persona se convertiría y su fe se anclaba allí.

A veces hallamos que nuestras oraciones son contestadas inmediatamente, incluso mientras estamos orando; otras veces, la respuesta se demora. Pero especialmente cuando pedimos misericordia, ¡cuán pronto viene la respuesta! Miremos a Pablo cuando exclama: «Señor, ¿qué quieres que haga?» La respuesta llegó al instante. Vemos también al publicano que fue al templo a orar y recibió una respuesta inmediata. El ladrón en la cruz oró: «¡Señor, acuérdate de mí cuando vengas en tu reino!», y recibió respuesta inmediatamente, allí mismo. Hay muchos casos similares en la Biblia, pero hay otros de personas que tuvieron que orar durante mucho tiempo y con frecuencia. El Señor se deleita en oír a sus hijos que le hacen peticiones, refiriéndole sus tribulaciones, y por ello deberíamos esperar el momento que El decide es el apropiado para la respuesta. Nosotros no sabemos cuál es.

Había una madre en Connecticut que tenía un hijo en el ejército, y que, al partir, la dejó desconsolada, porque no era cristiano. Día tras día elevaba su voz en oración para el muchacho. Al cabo de un tiempo supo que había sido llevado al hospital y que murió allí, pero no pudo averiguar nada con relación con su muerte. Pasaron los años, y un día un amigo de la familia pasó por su casa en viaje de negocios. Allí vio la fotografía del muchacho en la pared. La miró y dijo: «¿Conocíais a este muchacho?» La madre contestó: «Este muchacho era mi hijo. Murió en la última guerra.» El hombre dijo: «Yo le conocía muy bien; estaba en mi compañía.» La madre entonces le preguntó: «¿Sabe usted algo respecto a sus últimos días?» El hombre le contestó: «Yo estaba en el hospital, y este chico murió en paz, triunfante en su fe.» La madre había perdido ya la esperanza de saber nada más del chico; pero antes de partir, ella misma tuvo la satisfacción de saber que sus oraciones habían prevalecido ante Dios.

Creo que hallaremos muchas de nuestras oraciones contestadas cuando llegaremos al cielo, y que ahora creemos que no han recibido respuesta. Si la oración de fe es verdadera Dios no puede negarnos lo que pedimos. En una ocasión, en una reunión a que asistí, un caballero me indicó a un individuo y me dijo: «¿Ve a este hombre? Este es uno de los dirigentes de un club de infieles.» Me senté a su lado y el infiel me dijo: «Yo no soy cristiano. Usted ha estado tratando de embaucar a toda esa gente y hacerles creer, especialmente a esas viejecitas, que recibe respuestas a la oración. ¿Por qué no lo prueba conmigo?» Hice oración por él, y cuando me levanté, el infiel me dijo con mucho sarcasmo: «¡No estoy convertido todavía!» Le contesté: «Pero aún tiene tiempo.» Más tarde recibí una carta de un amigo diciéndome que aquel hombre se había convertido y estaba trabajando en las reuniones.

Jeremías oró y dijo: «¡Ah, Señor Jehová! He aquí Tú has hecho los cielos y la tierra con tu gran poder y brazo extendido, y no hay nada demasiado difícil para ti.» No hay nada demasiado difícil para Dios: esto es un buen emblema. Creo que ahora es una buena oportunidad para bendición en el mundo, y podemos esperar grandes cosas. Mientras que la bendición se derrama a nuestro alrededor, levantémonos y participemos en ella. Dios ha dicho: «Llámame y te contestaré, y te mostraré cosas grandes y poderosas que no conoces.» Llamemos, pues, al Señor y oremos para que estas cosas puedan ser hechas por amor a Cristo, no a nosotros.

SIEMPRE PIDAMOS «POR AMOR A CRISTO»

Hace unos años, en una convención cristiana, se levantó un predicador para hablar, y su tema era «Por amor a Cristo». Este hombre vertió nueva luz para mí sobre este pasaje. Nunca lo había visto de aquella manera. Cuando estalló la guerra, su único hijo se alistó. El hombre no podía ver una compañía de soldados que no se entusiasmara con ellos. Con otros establecieron un Hogar del Soldado en aquella ciudad y él aceptó el cargo de presidente del comité de buen grado. Algún tiempo después dijo a su esposa: «He dedicado tanto tiempo a estos soldados que estoy descuidando mis negocios», así que se fue a su oficina con la decisión de que los soldados no iban a estorbarle aquel día. Al poco se abrió la puerta y entró un soldado. El hombre no le hizo caso, sino que continuó escribiendo; y el pobre soldado se estuvo allí algún tiempo esperando. Al fin el soldado sacó un papel sucio en el cual había algo escrito. El hombre observó que era la letra de su hijo, por lo que cogió el papel y se puso a leerlo. Decía más o menos: «Querido padre, este soldado pertenece a mi compañía. Ha perdido la salud en defensa de su país, y va camino a su casa para ver a su madre que se está muriendo. Trátalo con cariño por amor a... Charlie» (el nombre de su hijo). El hombre dejó al punto su trabajo y se llevó al soldado a su casa, donde fue atendido con cariño hasta que pudo partir hacia su hogar, para estar con su madre. Lo llevó a la estación y le despidió con un «¡Dios te bendiga, por amor a Charlie!»

¡Que nuestras oraciones sean por amor a Cristo! Si queremos que nuestros hijos e hijas se conviertan, oremos para que esto ocurra, por amor a Cristo. Si este es el motivo, nuestras oraciones serán contestadas. Si Dios entregó a Cristo para el mundo, ¿qué es lo que no nos dará? Si Dios dio a Cristo por amor a los rebeldes, los que yacen en el pecado y la maldad, los ladrones, los que matan, ¿qué nos dará a aquellos que van a El por amor a Cristo? Que nuestra oración sea que Dios haga progresar su obra, no nuestra gloria —no por amor a nosotros— sino por amor a su querido Hijo a quien ha enviado.

De modo que recordemos que cuando oramos hemos de esperar respuesta. Estemos a la expectativa. Recuerdo que al terminar una reunión, en una de las ciudades del Sur, cerca del final de la guerra, un hombre vino a mí llorando y temblando. Creí que en el mensaje habría dicho algo que le había conmovido, y empecé a preguntarle qué era. Hallé, sin embargo, que no podía decirme una palabra de lo que yo había dicho. «Amigo», le dije, «¿qué le pasa?» Se puso una mano en el bolsillo y sacó una carta, sucia, como si hubieran caído lágrimas en ella.

«Recibí esta carta de mi hermana anoche», me dijo. «Me dice que cada noche se arrodilla y ora por mí. Creo que soy el hombre peor en todo el Ejército de Cumberland. He tenido un día terrible hoy.»

La hermana estaba a seiscientas millas de distancia, pero había llevado a su hermano a la convicción de pecado por medio de su oración sincera y de fe. Era un caso difícil, pero Dios oyó y contestó la oración de una buena hermana, de modo que el hombre era como arcilla en las manos del alfarero. Pronto entró en el Reino de Dios, todo por las oraciones de la hermana.

Fui a unas treinta millas de aquel lugar, y allí conté esta historia. Un joven subteniente del ejército se levantó y dijo: «Esto me recuerda la última carta que recibí de mi madre. Me decía que cada noche al ponerse el sol oraba por mí. Me pedía que cuando recibiera su carta me fuera a un sitio solitario y me entregara a Dios. Yo me puse la carta en el bolsillo y decidí que tenía mucho tiempo para hacerlo.» Siguió diciendo que las próximas noticias que le llegaron de su casa eran que había muerto su madre. Se fue al bosque solo, y allí clamó al Dios de su madre que tuviera misericordia de él. Mientras estaba en la reunión con su cara resplandeciendo, el joven subteniente dijo: «Las oraciones de mi madre fueron contestadas; lo único que lamento es que no llegó a saberlo nunca; pero un día la voy a encontrar.» Así que, aunque no vivamos para ver nuestras oraciones contestadas, si oramos con poder a Dios, llegará respuesta.

En Escocia, hace muchos años, vivía un hombre con su esposa y tres hijos (dos chicas y un chico). El tenía el hábito de emborracharse y con ello perdía sus empleos. Por fin, dijo que se llevaría a Johnnie a América, donde, sin la compañía de sus antiguos compinches, empezaría una nueva vida. Así que se llevó al chico, de siete años, a América. Al poco de llegar, se fue a una taberna y se emborrachó. Los dos quedaron separados. El muchacho fue colocado en una institución y poco después entró como aprendiz en un obrador, en Massachusetts. Después de algún tiempo, el hombre, descontento se hizo marinero; finalmente llegó a Chicago para trabajar en los lagos. Tenía un espíritu aventurero, y viajó por mar y tierra. Cuando el barco en que iba llegó un día a un puerto, fue invitado a una reunión en que se predicaba el Evangelio. Las buenas nuevas tocaron su alma, y el hombre se hizo cristiano.

Después de haber sido cristiano durante un tiempo, sintió deseos de hallar a su madre. Le escribió en diferentes lugares de Escocia, pero no pudo hallarla. Un día leyó en los Salmos: «Nada será negado a los que andan rectamente.» Cerró la Biblia, se puso de rodillas y dijo: «Oh, Señor, estoy tratando de andar rectamente desde hace meses; por favor ayúdame a hallar a mi madre.» Se le ocurrió escribir a un lugar en Massachusetts, del cual se había escapado hacía algunos años. Resultó que había una carta de Escocia allí que no habían podido entregarle desde hacía siete años. Escribió inmediatamente a aquel lugar en Escocia, y resultó que su madre vivía todavía; recibió la respuesta de su madre al cabo de poco tiempo. Me gustaría que pudierais ver al hombre cuando me trajo aquella carta. Las lágrimas le caían como una fuente de los ojos y le era imposible leerla. Su hermana había escrito por la madre, porque la madre había quedado muy afectada por las noticias del hijo que tenía por perdido, y no podía escribir.

La hermana le decía que durante los diecinueve años que había estado ausente, la madre había seguido orando día y noche para que se salvara, y para que pudiera saber todavía algo de él y pudiera verle. Ahora, la madre estaba muy contenta, no sólo de que estuviera vivo, sino de que se hubiera hecho cristiano. No tardaron mucho la madre y las hermanas en llegar a Chicago.

Menciono este incidente para mostrar la forma en que Dios contesta la oración. Esta madre había orado a Dios durante diecinueve años. Debe de haber parecido, a veces, que Dios no tenía intención de concederle el deseo de su corazón; pero siguió orando, y al fin llegó la respuesta.

El siguiente testimonio personal fue dado públicamente en una de nuestras reuniones celebradas últimamente en Londres, y puede servir para dar ánimo y ayuda a los lectores.

TESTIMONIO EN UNA REUNION DE ORACION

«Quiero que comprendáis, amigos, que lo que explico no es lo que hice yo, sino lo que hizo Dios. ¡Sólo Dios podía hacerlo! Yo había ya renunciado a toda esperanza, como un caso perdido. Pero es por la gran misericordia de Dios que estoy aquí esta noche, y os digo que Cristo es capaz de salvar del todo a todos los que acuden a Dios por medio de El.

»La lectura de las peticiones de oración» para la salvación de los alcohólicos me conmovió muy profundamente. Me parecieron un eco de las muchas ocasiones en que se hicieron "peticiones" de oración en mi favor. Y, por experiencia sé que hay una gran cantidad de familias que necesitan hacer semejantes peticiones.

»Por tanto, si lo que puedo deciros sirve para dar ánimo a vuestro corazón, estimular a un buen padre o madre a que sigan orando por sus hijos, o ayudar a alguno que se ha sentido él mismo más allá del alcance de la esperanza, daré gracias a Dios por ello.

»Yo tuve muchas oportunidades. Mis padres amaban al Señor Jesús, e hicieron todo lo que pudieron para criarme por el buen camino; y durante algún tiempo yo mismo pensé que sería un cristiano. Pero me aparté de Cristo y me alejé más y más de Dios y de las buenas influencias.

»Estaba en la Escuela Secundaria cuando comencé a beber. Muchas veces había ya bebido con exeso a los diecisiete años, pero tenía aún bastante sentido de dignidad, lo que me impidió ir cuesta abajo hasta que cumplí los veintitrés; pero a partir de entonces hasta los veintiséis ya fue diferente. En Cambridge seguí bebiendo más y más, perdí todo sentido de respeto de mí mismo y me asocié con la peor clase de compañeros.

»Me fui alejando más y más de Dios, hasta que mis amigos, los que eran cristianos y los que no lo eran, consideraron y me dijeron que había poca esperanza para mí. Toda clase de personas me habían rogado que me moderara, pero yo aborrecía las reprensiones. Me daba asco todo lo que olía a religión, y me burlaba de sus consejos o palabras ofrecidas en esta dirección.

»Mi padre y mi madre habían muerto los dos sin verme volver al Señor. Oraron por mí en tanto que vivieron, y al final, mi madre, me preguntó si no iba a seguirla a ella para verla en el cielo. Para calmarla le dije que sí. Pero, no tenía la intención de hacer nada; y pensé, cuando hubo fallecido, que ella no tenía idea de mi modo de pensar y sentir. Después de su muerte fui de mal en peor, y me fui hundiendo en el vicio. El vicio de la bebida se fue apoderando de mí. Aunque no estaba como en la «cuneta» como se suele decir, mi alma era tan baja como la de los que viven en las pensiones miserables de los barrios bajos.

»Fui de Cambridge a una ciudad en el norte, donde trabajé por un procurador; y luego a Londres. Mientras estaba en Londres, los señores Moody y Sankey vinieron a la ciudad en que yo vivía; y una tía mía, que todavía estaba orando por mí, después de la muerte de mi madre, vino a verme y me dijo:

»"Quisiera pedirte un favor."

»Mi tía había sido muy amable conmigo y ya sabía lo que quería. Me dijo:

»"Que vayas a oír a los señores Moody y Sankey."

»"Muy bien", le dije. "Esto es una ganga para mí,

porque iré con tal que me prometas que no vas a pedirme otra vez que vaya. ¿Conforme?"

»"Conforme", me dijo ella. Fui para cumplir mi parte del trato.

»Esperé hasta que el sermón hubo terminado, y vi al señor Moody que bajaba del púlpito. Se había ofrecido ferviente oración en mi favor, y mi tía y él se habían puesto de acuerdo en que el sermón sería aplicable a mi situación y que al terminar él vendría a hablar conmigo inmediatamente. El señor Moody se dirigió hacia nosotros; pero yo pensé que había sido muy listo cuando, antes que el señor Moody pudiera dirigirse a mí, había dado vuelta alrededor de mi tía y me había escabullido del edificio.

»Me fui apartando más y más de Dios después de esto; y no creo que una sola vez orara durante dos o tres años. Fui a Londres, y las cosas fueron empeorando. A veces trataba de enderezarme. Hice un gran número de resoluciones. Me prometí a mí mismo, y también a mis amigos que no bebería una copa más. Mantuve la decisión durante unos días, y en una ocasión, durante seis meses; pero la tentación volvía con más fuerza cada vez, y me apartaba más y más del camino recto. Cuando estuve en Londres descuidé mis asuntos y todo lo que debería haber hecho, y me hundí más en el pecado.

»Uno de mis amigos me dijo:

»"Si no cambias te vas a matar tú mismo."

»"¿Por qué?", le pregunté.

»"Te estás matando porque no puedes beber tanto como has venido bebiendo."

»"Bueno, le contesté, no creo que pueda cambiarlo." Había llegado a un punto en que no creía que pudiera hacer nada para aliviar mi situación.

»El contar estas cosas me da pena, y al relatarlas Dios sabe que sólo siento vergüenza. Lo explico porque tenemos un Salvador; y si el Señor Jesucristo pudo salvarme a mí, también puede salvarte a ti.

»Las cosas siguieron así hasta que al fin perdí control de mí mismo.

»Había estado bebiendo y jugando al billar un día, y por la noche regresé a mis habitaciones. Decidí quedarme allí un rato, y luego volver a salir, como de costumbre. Antes de salir, sin embargo, empecé a pensar, y esta idea se aferró a mi cabeza: "¿Cómo va a terminar todo esto?" "Oh, pensé, ¿qué significa todo esto? ¡Sé dónde va a acabar, en mi destrucción eterna, la del cuerpo y la del alma!" Me di cuenta de que estaba matándome —mi cuerpo—; y sabía también cuál iba a ser el resultado para mi alma. Pensé que era imposible que pudiera salvarme. Pero me vino una idea persistente: "¿Hay algún medio de escapar?" "No, me dije, he hecho ya muchas resoluciones. No puedo dejar de beber. Me es imposible."

»En aquel momento vinieron a mi mente unas palabras de la Biblia —palabras que no había recordado más desde que las aprendí cuando niño—: "Para los hombres es imposible, pero para Dios, todas las cosas son posibles." Y entonces vi, como en un relámpago, que lo que había considerado que no era posible, que había intentado centenares de veces, era lo que Dios había prometido hacer, si yo quería ir a El. Todas las dificultades se amontonaban en mi camino: mis compañeros, mi ambiente, las tentaciones; pero, miré hacia arriba y pensé: "Es posible para Dios."

»Me arrodillé allí mismo, en mi habitación, y empecé a pedir a Dios que hiciera lo imposible. Tan pronto como empecé a orar, tartamudeando —no había orado desde hacía tres años— pensé: "Ahora, pues, Dios me ayudará." Me aferré a esta verdad, no sé cómo. Aún tardaron nueve días hasta que pude descubrir cómo, y antes de tener ninguna seguridad, paz o descanso para mi alma. Me levanté con la esperanza de que Dios me salvaría. Consideré que era la verdad, y luego se demostró que lo era; por lo cual, doy gracias y gloria a Dios.

»Pensé que lo mejor que podía hacer era hallar a alguien con quien hablar sobre el estado de mi alma, y preguntarle cómo podía ser salvo; porque yo era como un pagano, aunque había sido criado tan bien. Salí y estuve deambulando por Londres; y muestra lo poco que conocía el mundo religioso y los lugares de culto el que no pudiera hallar una iglesia wesleyana. Mi madre y mi padre habían sido wesleyanos, y pensé que podría hallar alguna capilla que perteneciera a esta denominación, pero no pude hallarla. Busqué durante una hora y media; aquella noche estaba abatido y deprimido; de cuerpo y alma, más de lo que es concebible.

»Llegué a mi casa, me fui arriba y pensé: No te irás a la cama hasta que hayas sido salvo. Pero estaba tan débil, no había comido la cantidad usual de alimento, y finalmente pensé que tenía que irme a la cama (aunque no me atrevía), pues de lo contrario, me encontraría verdaderamente mal por la mañana.

»Temía que si no lo hacía entonces, por la mañana, cuando despertara descansado y relativamente bien diría: "¡Qué necio fuiste anoche!", por lo que saldría a beber como había hecho antes. Pero de nuevo pensé: "Dios puede hacer lo imposible. Puede hacer lo que no puedo hacer yo." Oré al Señor pidiéndole que me despertara en las mismas condiciones en que había ido a la cama, sintiendo el peso de mis pecados y mi miseria. Luego me fui a dormir. Lo primero que pensé cuando me desperté por la mañana fue: "¿Ha desaparecido ya la convicción de pecado? ¡No!"; me sentía aún más desgraciado que la noche antes; parecía raro, aunque era natural; me levanté y di gracias a Dios porque me mantenía ansioso sobre mi alma.

»¿Te has sentido así alguna vez? Quizá después de una reunión o una conversación con un cristiano, o después de leer la Palabra de Dios, ¿te has ido a tu habitación sintiéndote desgraciado y "casi persuadido?"

»Estuve buscando al Señor durante ocho o nueve días por la ciudad. Por fin el sábado por la mañana decidí ir a una iglesia para contar mi historia. Esto fue difícil. Lo hice con lágrimas y como pude. A un hombre no le gusta llorar delante de otros hombres. Les dije claramente que quería hacerme cristiano y tenía intención de seguir siéndolo. El Señor me ayudó con su promesa: "Todas las cosas son posibles para Dios."

»En cuanto a mis conocidos hubo una reacción muy especial. Cuando les hablé de mi decisión un escéptico bajó la cabeza y no dijo nada. Otro amigo, con el cual acostumbraba jugar al billar, me dijo: "¡Me gustaría poder tener el valor de decirlo yo mismo!" Pero el mismo individuo que me había dicho que estaba matándome bebiendo tanto, ahora pasó una hora tratando de convencerme de ir a beber otra vez. "Estás deprimido, e indispuesto; un buen vaso de whisky te entonará." Cuando me invitó a ir con él le dije: "Supongo que recuerdas lo que me dijiste antes; ¿ahora trato de no beber y me convidas?" Cuando me acuerdo de esto pienso en las palabras de Dios: "Las entrañas de los malos son crueles."

»Y ahora el Señor fue tirando de mí hasta que lo que era un hilo delgado pasó a ser un cable, con el cual salvó mi alma. Hallé a mi Salvador. El es capaz de salvar a todos, quienquiera que sea, que acudan a El.

»No debo olvidar de deciros que me arrodillé ante Dios en mi miseria, mi impotencia, mi pecado, y le confesé que era imposible para mí salvarme; imposible abstenerme de beber; pero desde aquella noche hasta este momento no he sentido el menor deseo de hacerlo otra vez.

»Fue también difícil el dejar de fumar. Pero Dios en su gran sabiduría sabía que si tenía que luchar solo, fracasaría; por ello eliminó por completo todo deseo de beber, y lo mismo el de fumar. Desde entonces odio la bebida.

»Si hay alguien aquí que ha perdido la esperanza, que venga al Salvador. Este es su nombre, porque es "El que salva a su pueblo de sus pecados". A todas partes donde he ido desde entonces, he hallado que El es mi Salvador. ¡Dios impida que me gloríe! Sería gloriarme en mi vergüenza. Es lastimoso tener que hablar así de uno mismo, pero el Señor es capaz de salvar, y salva.

»Amigos cristianos, seguid orando. Es posible que vayáis al cielo antes de que algún hijo vuestro por quien oráis haya sido rescatado para el hogar. Mis padres lo hicieron; y mis hermanas oraron por mí durante años. Pero, ahora, yo puedo ayudar a otros en el camino a Sión. ¡Alabado sea el Señor por sus misericordias para conmigo!

»Recordad; "todo es posible para Dios". Y luego podréis decir como san Pablo: "Todo lo puedo en Cristo que me fortalece"» (Filipenses 4:13)